Wide

Wide

Happiness by Design

Change What You Do, Not How You Think

設計幸福

經濟學×心理學×行為科學，
實現理想人生的務實思維

Paul Dolan 保羅・多倫

目錄

Contents

Contents

推薦序

過個愉悅又有意義的充實人生

丹尼爾・康納曼

關於幸福（我個人更偏好「主觀幸福感」一詞）的研究，基本上是圍繞在兩個核心議題上。第一個核心議題至少能追溯到亞里斯多德，當時他提出美滿的人生可以分為兩種：一是充滿愉悅、滿足和其他正面感受的人生；另一種是充實又有意義的人生。如果只選擇其中一種生活方式，顯然會產生一些問題。

追求快樂勝過意義的人會被貼上「享樂主義」標籤，這絕不是一種誇讚。然而，認為愉悅根本不重要，只有美德和意義才有價值，又會被認為太過刻薄。要是不想被當成是個享樂主義者，也不想被認為是刻薄之人，我們該如何定義幸福？於是，這衍生了另一個關於幸福的核心議題：**如何衡量幸福**？我們應該研究人們對於日常生活的感受嗎？應該研究人們多半時候是感到幸福還是痛苦嗎？還是要請他們停下來思考自己的人生，然後讓他們來說一說自己對人生滿意嗎？

顯然上述兩個議題具有關聯性。藉由評估人們對生活的滿意度，用以調查是否能在人生中找到真義；以及用衡量對某件事的感覺，去辨認那是否會帶來快樂，是看似合乎常理的做法。我自己多年來也認同這種方式，直到保羅·多倫提出另一種概念。首先，比起研究人們自評人生幸福與否，他更想探索人們對於日常生活的體驗。這一嶄新概念，是**將「有意義」和「毫無意義」化為體驗，而非判斷**。他認為，每一個行為，其實都會產生不同的主觀目的性：從事志工工作能給人一股使命感，這是看電視這樣的行為所無法帶來的。多倫認為，**目標**和**愉悅**是構成幸福的二大基本成分。這著實是一個既大膽，又獨樹一格的觀點。

單僅列出幸福的論據，不足以解答「什麼是幸福」這樣的問題。字斟句酌才是解題之鑰：當人們講到「幸福」這個詞時，會聯想到什麼？沒有答案可說服所有人，這是因為每個人對於幸福，或多或少都有些相異的理解。所以關於幸福的定義，在眾多未臻完美的答案中，我認為多倫提出的**愉悅——目標原則**是更加合理的。因為他提出的原則，也符合我對孫輩的期望：過個時時感到愉悅又富有意義的充實人生。

保羅·多倫是位頑強的樂觀主義者，他克服許多困難才成為一位全球知名的幸福專家。他把這份樂觀心態灌注在這本書的每一頁中；更難得的是，他一直是從樂觀的角度看待你，也就是這本書的讀者。他相信，你會藉由做出每一個睿智決定——打造最適合自己的環境，以及只關注值得關注的事——讓人生過得既愉悅，又有意義。他在這本書中也提出許多誠摯建議，教你如何抉擇及堅持讓自己變幸福的決定。既然他在這本書裡說了這麼多，接下來，就交給各位去實踐了。

（本文作者為諾貝爾經濟學獎得主、《快思慢想》作者。）

前言

改變行為，而不是想法

感謝各位買下這本書，這讓我感到幸福，而我希望這本書也會讓各位感到幸福。我對「幸福」這個概念非常著迷，不管是個人生活還是我的專業工作方面，也有多次機會增添對這方面的探索動力。在開始寫這本書之前，我被英國政府徵詢，是否能為關於國民幸福感的大型研究計畫設計問卷，以及是否能給予一些可讓政府機關、公益團體、跨國公司改變行為的建議，讓這些機構能多為人類社會帶來幸福。

我後來會如此熱中於研究幸福，其實算是一場無心插柳。我曾經花了超過十年時間，做關於如何測量與評估健康照護上的花費所帶來的效益之研究。這個健康經濟領域的研究計畫，也讓我於2002年得到「菲利普·萊弗休姆」獎（Philip Leverhulme Prize），這也代表我將可暫時從英國雪菲爾大學的教學工作中抽身，並參與一些學術研討會。其中一場會議，於2003年在米蘭舉行，是有關「幸福經濟學」的論壇，而這場論壇也成為我學術生涯的重要事件。在該論壇的歡迎晚宴上，我的座位被安排在某個人的旁邊，他向我自我介紹，說他叫「丹尼爾．康納曼」。我早已久仰他的大名，就像各位也景仰他許久一樣。康納曼是2002年諾貝爾經濟學獎得主，他的作品《快思慢想》，是一本探討人類行為與決策的經典傑作。

在互相介紹彼此後，康納曼立刻充滿興致地想聽我談談近期的研究方向。在幾分鐘後，他說：「你為什麼不來普林斯頓大學？(當時他在那邊工作)，那麼我們就可以一起合作了。」我只想了一秒鐘，便答道：「好，請多指教！」康納曼不僅是我遇見的最友善的人之一，也是我心目中的智慧英雄。說實話，這場會議真的是我人生的轉捩點，因為我也遇到英國國會議員，同時也是頂尖經濟學家的理查．萊亞德(Richard Layard)，他可說是世界上最知名的研究幸福感的權威學者之一，也是《快樂經濟學》(*Happiness: Lessons from a New Science*)一書作者。理查也是促使我於2010年，轉任到倫敦政經學院從事教學與研究工作的人。

自從遇見康納曼與理查後，我便開始投入「何謂幸福感」以及「如何引發幸福感」的研究。這方面的研究有時必須牽涉到既有數據的分析，有時則必須靠自己去蒐集資料。透過這些在實驗室與真實社會中所蒐集到的資料，自然而然地引導我更加深入地探索人類行為。基本上一個人有什麼樣的感受，極大部分取決於採取了什麼行動；而一個人所採取的行動，又極大地被想獲得幸福的期望所驅動。也就是說，**幸福感是先採取了某種行動後，所收到的「反饋」**。

當我受邀參與英國政府發起的「用設計，改變行為」計畫時，我對上述的結論更加確信。我們幾乎不可能在不考慮人們的感受之下，便想改變人們的行為。假如我想勸說你加入一項慈善行動，是因為我假設你將會因此感到愉悅；而接受你的仁慈舉動的人，就結果來說也會過得更好。

我是少數在幸福感與人類行為之間做研究的學者，因此這本書的宗旨之一，便是聚焦於這兩者間的研究串聯，並介紹關於幸福感與人類行為關聯性的研究洞見，更試圖回答「該怎麼做才能更幸福」以及「如何改變行為才能變得幸福」這兩個問題。雖然我的本科專業是經濟學，但如今我是一位行為科學家，這讓我這些年來反而更像個心理學家。我的研究，以及這本書，目的是想達到結合以下兩者：將經濟學中的成本效益觀點，結合心理學，促使我們的行為能深刻地被語境與環境影響。

我也為本書帶來一個獨特視角，我的父親從事半技術工多年，而母親從事文書工作貼補家用。我在國宅居住長大，上的是寄宿學校，雖然生活拮据，但也不到難以為繼的地步。我們不常在假日出遊，但父母也使我衣食無缺。我的很多好友都沒有上大學，其中不乏一些家境優渥的朋友。因此我可以找到這些人，並分析他們對於幸福感，與其相應的行為之間的不同。雖然這對學術研究來說是有幫助的，但就現實面來說，也能從中了解不同生活背景下所呈現的人生之複雜與怪誕。

我相信你也認同，管理他人對自己的看法是件很重要的事，所以我不會承諾改變你的人生，但我希望改變你對人生的觀點。

行為科學研究告訴我們，「你被告知的事」對你不是很重要，但「誰告訴你的」很重要。你就是會傾向聽從某些人的話。理想上，一個好的傳道者有三個特徵：一、他們能被信任；二、他們是專家；三、他們像你。以我的學術研究與背景來說，我希望自己可以符合以上三點。希望大家會喜歡這本書。

幸福暖身操

在各位開始閱讀本書之前，請先看看這張表格。這20個項目中，有哪些可能讓你覺得更快樂？

在這張表格中，有哪4個項目會讓你覺得最幸福？請在「令我感到最幸福」格子中打勾。接著，請針對這4個項目的達成難易度評分，0分表示「很容易做到」；10分表示「很難做到」。

在閱讀本書的同時，各位可能需要隨時回顧這張表格。

		令我感到最幸福	達成難易度（1至10分）
1	更多的錢		
2	新體驗		
3	小孩		
4	更多親子時間		
5	孩子離家獨立		

		令我感到最幸福	達成難易度（1至10分）
6	新伴侶		
7	更多睡眠		
8	更多性愛		
9	更短的通勤距離		
10	更多時間與朋友相聚		
11	新房子		
12	新工作		
13	新老闆		
14	新同事		
15	更常運動		
16	身體更健康		
17	體態更苗條		
18	戒菸		
19	更多假期		
20	寵物		

序
章

從期期艾艾到幸福美滿

直到最近，我才跟家人和非常親近的友人坦承一件事：我說話會結巴（各位或許會說這種症狀叫「口吃」，但其實意思都一樣）。在我幸福人生的美景圖中，口吃也許已經成為這幅畫裡最刺眼的汙漬了。我註定要一輩子帶著它，它也不斷地影響我，儘管我已掩飾得相當成功。

7歲左右時，母親帶我去看語言治療師，治療師說這種情況等我長大後就會好轉，然而我講話結巴的情況在青少年時期變得特別嚴重。我講不清自己的名字，我也討厭接電話。普通人發表幾句簡短的談話不過是稀鬆平常之事，但對我來說，開口說話總會令我感到莫大焦慮。直到我講完話後，那種徹底絕望的心情，還會一直縈繞在腦海裡。

說話結巴之所以會令我為難，是因為會吸引我所有的注意力。對口吃人士而言，每當遇到要開口說話的場合時，總會不由自主地把絕大部分的注意力放在口吃這件事上。由於口吃的頻率和嚴重程度會改變，所以口吃人士會留意自己結巴的情況，因此我把這種注意力稱為「注意力能量」。比方說，假如我只是每講六個字就會結巴，我就不會特別留意到自己有這種情況，而別人也能很快習慣我的講話模式。畢竟唯有不確定性才會引人注意，正如我們會自動忽略可預測的噪音（如時鐘發出的滴答聲），但卻會聽見突然出現的聲音（如汽車喇叭聲）。

而且我們很難解釋自己說話為何會結巴，因為造成口吃的原因眾說紛紜。[1]我們通常會更留意那些無法解釋的事，比方說你的腳突然會痛，如果你不知道造成疼痛的原因，就會更容易意識到腳痛的情況。但如果你知道自己腳痛是因為幾天前騎腳踏車摔跤，那麼其實你就不太會在意這件事了。[2]

即便有些人的口吃情況看似不嚴重，但當他們想起自己待會講話可能會結結巴巴，內心便會開始感到無比焦慮。我的結巴問題會突然「打斷」我的發言，使我無法發出聲音，而且讓我不禁認為這種停頓似乎會永遠持續下去，更不用說我有多麼畏懼講話結巴。更糟糕的是，口吃人士也認為當別人認真聽我們講話時，肯定會嚴厲地批評我們的說話方式。所以唯一能安慰我的，就是期待長大以後這種狀況就會消失無蹤，而我也盼望那天趕緊到來。

重新分配注意力

在我大四做報告的時候，一次慘痛經驗使我終於意識到，口吃問題不會憑空消失。當時我已經懂得如何避免公開發表言論，所以那是我大學時期第一次上台演講。當然有許多人都害怕演講，可是口吃人士會把演講的恐懼感放大好幾倍。一年後，22 歲的我到紐約念碩士，在那裡我認識了一位語言治療師，她比早些年媽媽帶我去求診的那位治療師擁有更豐富的經驗。她教我控制講話的速度，也教我要輕柔地張口說話，並且慢慢地說，想像我說的每個字都緊密地串接在一起。於是，雖然我說話還不算「流暢」，但這樣的說話方式讓我往後能更有自信地公開發言。為幫助自己克服恐懼，我開始爭取公開發言的機會，還找到一份講師的工作。

從此，我越來越願意上台演講，焦慮的情緒也漸漸減少，我也已經不怎麼害怕了。過去我非常恐懼發言，可是我現在已經不記得有哪次上台演講，曾發生過我想像的糟糕情況。這二十年來，我為自己感到驕傲，我已經有一套「戰勝」口吃的方法，而且一直積極參加有挑戰性又有意義的活動，例如演講。

不過，有時候我還是會選擇「逃跑」，我會推辭電台及電視訪問，直播節目也還是我的禁區。更重要的是，講話結巴仍會影響我的情緒，所以當我參加那些講話要求流暢的重要場合，在輪到我發言之前或當下，我依舊會感到特別焦慮不安。所以大約六年前，我決定去克羅埃西亞參加研討會，該場會議的主題是口吃問題。在回程的飛機上，我認識幾位來自倫敦麥可佩林中心（Michael Palin Centre）的語言治療師。雖然這個中心致力於兒童口吃問題，不過他們依舊很樂意協助我。

這次的治療，與以往截然不同。他們教我聚焦講話結巴的問題，而非我實際講話的情況。因此，我學會更加注意當下的感受，進而緩和情緒，使我在演講之前不再害怕，同時在演講當下不再擔心自己會講得多糟糕。我也開始注意演講活動帶給我的內心感受，結果發現這些感受幾乎都是正面的，於是我能延伸這些感受，幫助我進行未來的演講活動。透過注意行為如何影響感受，我們將能分辨哪些事情能帶來幸福感，而這便是關鍵所在。

除此之外，我也發現我特別在意自己的說話方式，以及講得夠不夠流暢，且在意的程度遠超過一般人。事實上我後來發現，直到坦言自己有口吃之前，只有幾個人發現我有這個問題，大部分的人以為這是我獨特的說話方式。我曾給一些學生看過本書草稿，他們沒想到我這個擁有豐富公開演講經驗的人，其實以前也非常害怕上台演講。這讓我領悟另一件重要的事，那就是即便是認識我的人也不在意我的口吃問題，更不會批評我。我對自己的看法也是我克服口吃的解藥：口吃不再是我的缺陷了。

當我終於不再過度在意自己的講話方式，結巴問題也不再困擾我了。由此可知，想要改變行為並促進幸福感，就得將更多注意力從負面事物，轉移到正面事物上。無論使用何種幸福衡量方法，口吃幾乎都不會影響我的幸福感。總括來說，**重新分配注意力**幫助我解決講話會結巴的情況，我也不會在乎自己有口吃的問題了。當然，口吃問題減輕是好，但減少對口吃的注意力所帶來更棒的效果是，我變得更幸福了。

我們都會無意間做出行為

我解決口吃煩惱的方法，也適用在解決其他煩惱上，同樣的做法也能幫助各位變得幸福。幸福取決於你的注意力重心。你的注意力會促使你做出行為，而你的行為則決定你是否擁有幸福。注意力就像接著劑，讓你的生活變得完整。

我的經濟學背景促使我研究注意力的分配，於是我便從分配角度去探討所有問題。我們常常遇到匱乏的問題，因此想要獲得理想的成果，妥善分配資源就是關鍵。有時候你會把注意力直接放在你正在做的事情上，其他時候你可能會注意到各種事情，比方說晚餐要吃什麼，或者只是在做白日夢。注意力的定義是，當把注意力投入到一項刺激物上，表示也從另一項刺激物上抽回注意力。比方說你正在傳訊息給一位朋友，同時你就會忽視正坐在隔壁的另一位朋友。注意力之所以被稱為「注意力」，可不是隨便亂起的名詞。

缺乏注意力表示我們必須思考，該如何抉擇自己應投入更多注意力在哪些事物上，以及該怎麼投入。如果覺得自己不夠幸福，表示你的注意力肯定放錯地方了。如果能用最棒的方式分配注意力，你將成為最幸福的人。

「你關注什麼，你就會成為怎樣的人」的說法已經有超過一百年的歷史。[3]當我在普林斯頓大學與丹尼爾．康納曼共事時，我也開始對注意力議題產生興趣。而我撰寫這本書，就是為了說明注意力能將刺激物轉變為幸福感，就像物品的製造過程那樣。

過去有許多人嘗試解釋帶來幸福的因子，但他們都誤解了幸福的定義，比方說他們認為收入才能帶來幸福。但我認為那些能促使你獲得幸福感的事物都是要爭奪你的注意力，因此幸福感就取決於你對它們的重視程度。也就是說，收入能帶給你多少幸福不只取決於你擁有多少財產，還包含你對金錢的重視程度。你對所有事物，如金錢、婚姻、性愛、口吃等的重視程度，會影響你獲得或大或小的幸福感。

有些事情（如噪音）會比其他東西更容易吸引注意力，但是你也許能控制它對自身造成的影響。控制注意力是我們能辦到的事，我希望各位也會認同這個看法。

此外，我們注意力的目標以及採取的行動，都是潛意識的運作過程下的結果。事實上，二十年來的行為研究已提出一項簡單卻非常關鍵的結論：**我們的行為舉止，多半是直接發生的結果，而非經過大腦思考。**你會不會購買那一大盒巧克力，這個決定大部分是取決於巧克力是否放在收銀機附近的顯眼位置，而不是取決於你是否覺得自己想吃。這類生活案例比比皆是。我不確定自己坐上車後，是什麼時候扣上安全帶的。你有沒有留意過，每當下課或下班後一回到家，是不是想都沒想地就逕自走到冰箱前？

我們是生活在環境中的生物。曾有一項研究，調查美國加州超過300萬名青少年，結果發現若在學校方圓1英尺（約160公尺）內有速食店，那麼該校學生體重超重的比率就會增加5%。另一項針對懷孕婦女的研究則指出，若在孕婦住家方圓500英尺（約800公尺）內有速食店，她們在孕期的體重增加44磅（約20公斤）的機率會增加1.6%。[4]顯然體重增加與接觸增重物品的機會，有一定的因果關係。

說謊跟貪吃一樣

接著讓我們談談「說謊」這件事。我們可能不願意承認，但要是有機會，大部分的人會選擇講些無傷大雅的小謊。如果我們讓一群學生進行共50題的普通常識考試，然後讓一組學生批改自己的考卷，同時請老師批改另一組學生的考卷，結果前組學生會比後組學生多答對約4題。這個數字不是太大，否則就算是作弊了。說謊跟貪吃一樣，跟我們是什麼樣的人沒有關係，而是我們有沒有機會做這兩件事。[5]

各位可能會輕易地料到在某些場合，我講話結巴的情況會更嚴重些。的確，當我面對較大壓力的發言環境時，我講起話來會特別不流暢。所有的口吃人士也會告訴你，當獨處的時候，我們根本不可能會口吃。我的講話方式以及發言對我產生的影響，這兩者都會受到我自己以及周遭環境的影響。於是，口吃發生的時機、實際口吃的情況以及處理口吃問題的反應，我都得依照情況隨機應變。我也無法察覺是否有其他表面下的影響因素。因此，我們必須同時考量外在環境及內在認知：由「情境脈絡」以及心理學的角度，探討人類行為與幸福。

這本書分成兩個部分。第一部會更具體地「定義」幸福。正如我前面提到的，我將進一步說明幸福是由我們的注意力來決定的。但是在解釋幸福的來源之前，我們必須先定義幸福。我會用最新的行為科學研究，證實為什麼幸福的關鍵是**在日常生活中發現愉悅與目標**。接下來，我會把幾項實用建議放在第二部，告訴各位如何實現自己和你所關心之人的幸福。獲得幸福的要點在於順從自己的本質去安排生活，不必汲汲營營。

第一部 培育幸福

許多以「幸福」為主題的書，總會介紹諸多教讀者變得更快樂的方法，但通常這些書都忘了先定義「何謂幸福」。如果我們想變得更幸福，必得先搞清楚「幸福是什麼」。所以在第一章，我會藉由介紹日常生活中的愉悅與目標之感受，試圖為幸福做個定義。

依循第一章對於幸福的定義，在接下來的第二章，我會提出一些人們從事哪些日常活動，能確實提升幸福感之相關科學研究結果與實證報告，這樣的結論也進而證實了從事不同的日常活動，有些會帶給我們愉悅感，有些則會帶給我們目標感，比方說看電視使我們感到愉悅；工作則會給我們一股有目標的感受。

第三章將闡述引發幸福感的最佳途徑。收入和口吃看似無法直接與幸福畫上等號，但如果我們有意識地將注意力放在二者，就會開始有關。我會說明如何「製造幸福」，這是我融合經濟學與心理學所提出的新概念。我希望這個新概念，能改變大家對幸福的看法，進而改變追求幸福的方法。

接著，我會在第四章點出三大會促使人們做出不幸決策的注意力屏障。

第一章

什麼是幸福？

當我們感到幸福時，人生自然如順水行舟。但，究竟什麼是幸福？我要問的不是幸福會受到什麼事物影響，而是幸福到底是什麼。我們對幸福可以有許多種解釋，而且都將影響我們獲得幸福的方法。市面上所有討論幸福的書籍，都應該清楚解釋幸福的定義，然而我發現沒有任何一本書能做到這點。二十年來的學術生涯，讓我有機會涉獵經濟學、心理學、哲學及政策科學等領域，我認為自己有足夠資格，提出接下來的定義：**幸福，是會隨時間而變化的愉悅與目標感受**。這是一項創新且貼合現實的定義，而且符合我的研究結果和個人生活經驗，我希望這項定義也能引起各位的共鳴。此外，上述定義也讓幸福這個概念變得「可評量」。如果想更了解該如何才能過個幸福人生，這是一項極重要的概念。

幸福與衡量

我們通常不會用「體驗」來衡量幸福與否，反而是以「整體的生活」來斷定。我用一個親身經歷的故事，闡述這兩種差異。

我曾跟一位在一家非常有名的電視公司任職的老友共進晚餐，她幾乎整晚都在抱怨這份工作有多麼令她不快樂，從老闆、同事到通勤時間她都抱怨了一輪。不過直到晚餐快結束後，她卻很認真地對我說：「但我熱愛我的工作，因為我在大媒體上班。」她可是一點諷刺意味都沒有。

她的話其實一點都不矛盾，因為她**體驗**這份工作的方式，不同於她**評估**工作的方式。[1]體驗與評估不同，就好比攝影與拍照有別。她可以整晚抱怨令她心生不滿的日常工作「影片」，但她也可以對這份工作的「全景照」感到非常滿意。

我們不只常會做這種事，這也是常會影響我們獲得幸福的思維謬誤。我們總是假設某些事物**應該**能帶來幸福感，因此便投入注意力，以致忽略那些真正能讓我們獲得幸福感的事物。我這位朋友覺得這份工作讓她不快樂，但這樣的體驗比不上她對這份工作的評估。她會待在現在的公司，是取決於她喜歡「在大媒體上班」的念頭，因此她只會越來越不快樂。

對人生的某些部分（比方說工作、健康及人際關係等）

感到滿意，往往能預設我們將會採取的行動。就像我的朋友，她認為在大媒體上班是好事，這表示她會繼續從事這份工作，可是這種對於滿意度的衡量方式，不等同於我們所有的感受。[2]這份工作其實讓她挺痛苦的，所以當我們評估她是否幸福時，也必須考慮這份感受。

大部分關於幸福感的調查，都是詢問一些較籠統、抽象的問題，像「整體來說，你對生活有多滿意？」或者詢問你對生活的某個部分是否感到滿意。幸福感是由多個複雜面向組成，只用一個問題很難囊括，不過藉由詢問這一個個問題，我們可粗略地知道哪些事物，能令大部分的人感到快樂或不快樂。然而這類研究調查的真正問題在於，日常生活中，我們鮮少思考對生活的整體滿意度；要不是因為研究調查要求人們思考這個問題，否則大家其實壓根沒想過。[3]除此之外，「滿意」這個用詞也會造成問題，因為這個詞可以有許多種解讀方式，包括「擁有足夠的東西」，而這根本不足以衡量一個人是否幸福。於是，這些調查結果都是受訪者在答題時腦海中靈光一現的答案，而非根據日常生活的感受去回答。我之所以會認為那些都是靈光一現的答案，是因為這都是需要認真思考才能回答的問題，可是人們實際真正作答的時間，約莫只花5秒。[4]

這個情況說明了為何有些看似無關的因素，卻能影響你我對生活滿意度問題的答案。舉例來說，在詢問關於生活滿意度的問題之前，有沒有先要求你回答政治相關問題？研究結果發現，政治相關問題跟被解聘一樣，會明顯影響人們接下來對生活滿意度的答案。[5]此外，問題的呈現順序也有影響，如果把婚姻滿意度的相關問題放在生活滿意度的問題前，人們的生活滿意度與婚姻滿意度答案的關聯性，就會更顯著。這表示先讓你回答婚姻關係滿意度，便能讓這個答案在你的生活滿意度中扮演更重要的角色。[6]

當我們準備要拍照時，都會「擺」好姿勢。不妨想想每一次照相所擺出的姿勢，我們的姿勢其實無法反映拍照當下的感受。攝影機更能準確捕捉你長期下來是否快樂。由此可知，我們不能僅從生活滿意度的「照片」來評估長期的幸福感，而是該留意在日常生活中的感受。

幸福與感受

當你時常**覺得快樂**，代表你的人生相當平順。我們每一天都會經歷許多感受，更遑論這一輩子。心理學家通常使用如右頁表格來區分感受：第一種對比類型是「正向／負向」；另一種是「激動／不激動」。[7]正向與「負向」的意思是不證自明的，但我特地把負向加上括號，是因為有時我們認為是負向的感受，卻會帶來好結果，後面很快會談到這點。你可以把激動當成是一種「被喚醒」的感受；將不激動視為「沉睡」的感受。請見下表，像「高興」是一種正向且激動的感受；「安心」是正向但不激動的感受；「焦慮」是負向且激動的感受；「哀傷」是負向但不激動的感受。

情緒	不激動的感受	激動的感受
正向感受	安心的、平靜的	高興的、興奮的
「負向感受」	哀傷的、抑鬱的	焦慮的、憤怒的

正向與負向之間的區別會影響幸福感；激動與不激動的差別也有影響。有別於生活滿意度的數據，美國蓋洛普民調公司（Gallup World Poll）曾進行一項全球幸福度調查，調查範圍包含來自132個國家的成年人，該調查發現有錢人並不比窮人覺得更快樂。而且，那些年收入超過75000美元的美國人，也無法用金錢買到更多的幸福感。[8]可見，人們總以為更富有會令自己更快樂，但事實上並非如此。

「你的感受來自你重視什麼」，這是由十八世紀哲學家傑瑞米·邊沁（Jeremy Bentham）在其著作中所提出的觀點。身為一位激進派人士，他支持同性戀無罪及兩性平權。邊沁是名天才兒童，12歲便進入牛津大學法律系就讀。然而，他很快就對當時的法律制度感到失望透頂，並開始提倡法制改革。曾造訪英國倫敦大學的訪客肯定都見過邊沁，因為他的遺體目前就放在該大學入口處。按照他的遺願，他的身體在公開解剖課上接受過一次解剖，他的身體和頭部都經過防腐處理，並在一個木櫃中展示，身上還套著本人的衣服。目前他的頭顱是蠟像，雖然因為防腐處理讓他的頭顱看來有點怪異，不過頭髮還是他的。[9]

邊沁強調「愉悅」（pleasure）是唯一對人類有益的；「痛苦」（pain）是唯一有害的。有些學者已不再使用上述二詞，因為這兩個詞會令人聯想到肉體的快感及疼痛，所以他們偏好使用「享受」（enjoyment）及「折磨」（suffering）。[10]我個人的理解是，愉悅和痛苦也可以囊括許多形容正向及負向的感受，比方說享受、興奮、開心；憤怒、焦慮、壓力和擔憂。所以當我在這本書中提到「愉悅」或「痛苦」時，都是概括這些情緒，因為我們會同時感覺及顯露不只一種情緒。[11]

你的感受，取決於你**遇到的事**以及**你是什麼樣的人**。我的情緒幾乎總是處在一種激動的狀態，在大部分的時間中我覺得愉悅，但有時也會感到焦慮，不過幾乎很少感到安心或難過。我很喜歡這樣的自己，妻子和朋友也很喜歡這樣的我（我想要是他們不喜歡，應該早就離開我了）。你可能跟我一樣，也可能比我更沉穩也說不定。

總而言之，我們每個人都可以藉由感受而被區分類型。也就是說，快樂的人通常會擁有更多的正向感及更少的負向感；用邊沁的話來說，他們通常覺得自己很快樂，鮮少覺得痛苦。因此，當你能夠經常感受到強烈的愉悅時，你也會活得更快樂。但除了愉悅和痛苦這兩者之外，有沒有其他必須重視的感受呢？

愉悅—目標原則

沒錯，還有一種感受也很重要，那就是**目標感／空虛感**。我會用這二個詞來概括正向及負向的感受。比方說，目標感包含了感覺到有成就、有意義及有價值；空虛感就好比無聊、毫無用處的感覺。這些情緒都會影響我們的幸福感，所以這二詞必須妥善解釋。不妨思考看看工作或讀書，有時你會覺得這些事很有意義；但有時又會覺得一點意思都沒有。和愉悅、痛苦一樣，這些或好或差的感受，也相當重要。

感到愉悅，也感到有目標

有目標也是一種感受，它跟高興、焦慮及憤怒等情緒一樣，都是可被辨別的感受。不過，我有一種更通俗的解讀方式：我認為感受（feeling）等同於情感（sentiment）。這裡所說的情感不是指涉像熱淚盈眶這種狀況，而是一種充滿各種感覺的情緒。就我看來，情感不只囊括心理學家所認知的愉悅和痛苦感受，還包含擁有某種目標的感受。形容有目標的感受的用詞，不同於那些形容愉悅的詞彙。而目標比愉悅單純，因此有目標大多時候都不是激動的感受，所以只需分成兩種：好（有目標）或壞（無意義）。

以我撰寫這本書為例，就是做件覺得有目標的事的好例子。這是件令我感到有目標的事，我就像跟好友喝一杯那樣覺得愉快。各位不妨想像自己正在幫朋友搬家，一整天扛著箱子和傢俱爬上爬下、揮汗如雨，實在不怎麼令人覺得愉快，可是你卻感到很有目標。或者想像自己正在看一部令人動容的紀錄片，儘管內容不會讓你覺得開心，可是你卻能心無旁騖地看完。我敢說，各位肯定能想到許多這類例子。

然而有時我們卻會有完全相反的感覺，比方說空虛、無用或漫無目的。當認為這項工作無法獲得成果，我們會感到既痛苦又毫無意義；或者回想昨天晚上看的那部愛情喜劇片，劇情雖然令人發笑，但看完後卻讓人覺得一點意義也沒有。[12]我敢說，各位現在已經能想到一大堆這樣的例子。

讓我感到驚訝的是，未曾有人從這樣的角度去探討幸福。關於日常生活的愉悅體驗之學術研究不在少數，但跟目標感有關的文獻卻如鳳毛麟角。而且，那些研究都是從一些廣泛的問題，去探討我們是否擁有人生方向、意義或目標等。[13]

這類問題就跟詢問生活滿意度的問題一樣，打算讓你從人生的角度去總括性地**評估**目標感，而非探討你在生活中是否具備對於目標感的**體驗**。舉例來說，比起尚未有孩子的男人，新手爸爸會覺得他們的生活更有目標，然而新生兒對新手媽媽的影響則沒那麼明顯。[14]這個調查結果耐人尋味，不過要想解釋這種差異其實並不難，關鍵就在於他們的答案取決於當時他們所在意的事物。相較於新手媽媽會想到有更多家務事將落在自己身上，新手爸爸會更在意自己有了孩子這個事實。所以，如果要更精確並有效地衡量他們的目標感，我們應該考慮新手爸爸及新手媽媽，在不同的日常活動中所感受到的目標感高低。

此刻當我寫下這些文字，我**感覺**好極了。這股良好感受大部分並非這些文字所引起的情緒反應，而是這些文字以及我想傳達的想法產生了一種目標感。我敢肯定你在日常生活中也會有類似感受。也許你會花點時間照顧花園，你會從中感受到一股目標感，這將不只是因為你必須好好照顧那些玫瑰。又或者，現在這份工作帶給你一股成就感，儘管你在上一份工作得到更多樂趣，但這份工作卻能讓你感到更快樂。

所以，比起對整體人生的感受，我更感興趣的是**每個片刻的感受**。所有的行為與感受都能帶給我們愉悅（或痛苦）以及目標（或空虛感），從而組成我們所體會到的整體幸福感。

幸福包含了愉悅與目標，這兩種成分也反映了人們對幸福的解讀。鮮少有學者研究人們對生活是否幸福的看法，以及政府會參考哪些數據來推動公共服務的預算計畫。於是，為彌補這個研究缺口，經濟學家羅伯．梅特卡夫（Rob Metcalfe）和我獲得英國國家統計局（Office for National Statistics）的支持，一起設計一項線上調查。由於問卷的用字遣詞會大幅影響受測者的回饋，所以我們得對這份調查結果抱持一定的懷疑態度。然而，當這項調查問及人們對生活以及各種公共政策是否感到幸福時，受測者認同應注重「每天生活中的快樂與悲傷」的人數，與那些認同應注重「你認為自己所做的事，是否具備一定程度的價值」的人數，相差無幾。[15]換句話說，愉悅與意義兩者對人們都一樣重要（儘管我們得承認，這種描述方式是方便評估的做法）。

想真正獲得快樂與幸福，愉悅與目標缺一不可。你跟我一樣會感到開心或難過，但我們所感受到愉悅與目標的多寡程度是不同的。在不同時候，你可能需要不同程度的愉悅及目標。但是，你一定需要這二種感受，才會感到幸福，我稱為**愉悅—目標原則**。

「愉悅—目標原則」解釋了我們為何想追求愉悅與目標，以及避免痛苦與空虛感；這個原則更有助解釋為何目標有時能將負向情緒，轉變為正向。比方說，憤怒有助避免糟糕的情況發生，並促使我們營造好的局面；憤怒能導引成「積極」地解決衝突，而不是逃避。[16]憤怒甚至能幫助我們擺脫自私態度，鼓勵我們合群。[17]所以，我想你不會想成為一個只能感受到正向情緒的人。人生有時很殘忍，人們有時也會很殘酷，所以你偶爾需要生氣。當然，我們也會遇到沒必要生氣的時候，例如當發生一些不順心的小事時。

「愉悅—目標原則」也許能替我們回答一個特別重要的問題，這也是當初使我開始意識到「目標」的存在：我們為什麼想要有小孩？我指的是真心地決定這麼做，而非出自繁衍子嗣的需求。關於這個問題，大部分的人肯定會說是為了變得更快樂。那麼調查結果怎麼說呢？嗯，研究結果指出，有沒有小孩，對於幸福感來說並沒有任何影響。[18]

有個可能的情況是，許多有小孩的人會說要是當初沒生小孩，他們也許不會像現在這般幸福；而沒有小孩的人會說要是有了小孩，他們應該會更快樂。想要真正釐清有沒有小孩對幸福感的影響，我們就得知道每個人做了不同的決定後，會是怎樣的情況，但這種做法是不可能實現的。這也表示當人們自願地（或至少算得上是自願地）做出決定後，若要比較某些生活事件對他們後來幸福感的影響，其中解釋因果關係的用字遣詞，必須更謹慎斟酌。

不過，對於擁有小孩不會使人更幸福的結論，其實不必太驚訝。畢竟有時候光是有一股做愛的欲望就足以創造新生命，直到一個長得像你的嬰兒出生了，你們之間便有了情感連結，而這表示你不太可能會拋棄你的孩子。因此，你的幸福感與孩子確實一點關係也沒有。

我在大概十年前開始考慮生孩子的問題，所以其實要是我沒有孩子，也還是一樣能過得幸福快樂，對吧？也許是吧，可是當時的研究資料幾乎都只要求人們評估生活的滿意度，僅僅少部分提到是否對某些事物感到愉悅。所以這讓當初的我心裡浮現一股強烈感受，我覺得成為家長會讓我的人生更有目標，例如替我的小孩穿鞋、教他們讀書識字。我不期待做這些事會令我樂在其中，而且肯定比不上跟我的朋友晚上聚會更有趣，可是我的確認為若可以讀故事書給小孩聽，或者在未來聽他們讀書給我聽，那將會是件非常有意義的事。

一旦有了這個想法，我便深信若是有了孩子，會讓我原本就很快樂的生活變得更快樂，因為他們將帶給我更多目標；或者說，他們將會改變我原本愉悅與目標之間相互平衡的生活，進而令我感受到截然不同的幸福，所以我決定要有孩子。

我的大女兒帕琵已經6歲，小兒子史丹利也5歲了。他們帶給我們一些愉悅感，更多的是痛苦，以及無法計量的目標感。我認為他們絕對帶來不一樣的幸福感，因為他們改變了我在生活中，感受到的愉悅與目標的比例。他們甚至可能讓我感到更快樂，因為這種目標勝過愉悅的轉變，挺適合日漸年長的我。我會在下一章討論我更多的研究結果，舉證親子時光儘管會影響一個人的愉悅，但卻是更有目標的運用時間方式之一。

我當然不是建議你應該趕緊生孩子，畢竟能令你感到有目標的事並非都跟孩子有關。我想表達的是，幸福人生少不了富含愉悅與目標的正向情緒。同理可推，悲慘人生必然充斥痛苦（憤怒、焦慮及壓力）及空虛（無聊及毫無意義）的負面情緒。

要為幸福下一個定義並不簡單，不過「愉悅—目標原則」可幫助我們將各種情緒與日常生活經驗結合。偶爾生氣、長時間工作以及生養孩子，都不再是瘋狂的事了。然而，要是你犧牲許多愉悅，只為了獲得一點點的目標感，那麼剛才我說的那些事可能就會變成瘋狂之舉——換句話說，要是你無法在愉悅與目標之間找到平衡點，任何事情都會失控。

愉悅與目標之間的平衡點

在閱讀接下來的內容之前，你可能從未想過愉悅與目標間的平衡關係。不妨先想像你喜歡看的電視節目類型（如果不愛看電視，也可以想像自己喜歡閱讀的書籍類型）。你覺得自己選擇的電視節目是屬於帶來歡笑，或者具有意義的節目，抑或兩者兼備？請看下頁圖，圖上的愉悅和目標，是為了幫助你更能具體理解二者之間的平衡。

剛才的電視節目問題只是熱身，接下來我要你再想一想。你認為自己感受到愉悅的程度多過目標，就像一部「愉悅機器」？還是能感受到更多目標勝過愉悅，就像一個「目什麼是幸福？

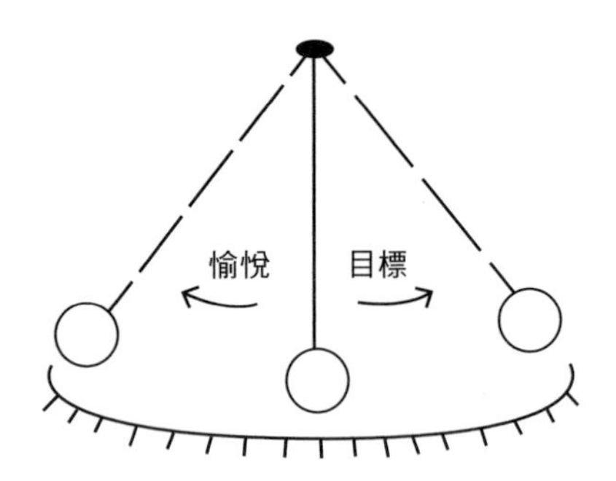

標引擎」？抑或你是個「能平衡愉悅和目標感之人」，感受到的愉悅與目標感一樣多？你覺得自己目前正處於哪一種狀態？這是你希望的情況嗎？

各位的幸福程度會在愉悅與目標之間來回擺盪，而擺盪方式全由你決定，正如你要決定收看哪一個電視頻道。能撐起你的船的浮力，不一定同樣能令我的船漂浮在水面上。我要表達的意思是：我們的喜好會有所不同。有些人看《X檔案》（*The XFiles*）* 會感到很開心，我則喜歡看《X音素》（*The X Factor*）**。許多書籍聲稱幸福能「一蹴可幾」，卻忽略了不同的事情，可能會帶給我們的各種影響。你真正需要的，是**找出哪些事情，會影響自己的感受。**

---

* 1990年代聞名於世界各地的美國電視科幻影集。
** 一檔在英國尋找歌唱人才的音樂選秀節目。

然而無論你有什麼樣的感受，這份感受（或者說是情緒）的**頻率**及**強度**才是最重要的。當你的愉悅與目標達成最適合你的平衡狀態時，你將成為一個最幸福的人。愉悅與目標沒有絕對的平衡比例，我的平衡狀態也可能跟你有所不同。此外，每個人有各自的人生階段，我們在各種日常活動中所需要的愉悅與目標也會不一樣。

說到這裡，我大致上可提出一個結論：如果發現在生活中，獲得的**愉悅大於目標**，那麼你**應該多花點時間，進行有目標的事**；同樣地，如果感覺到**目標更勝於愉悅**，那麼**應該想辦法讓自己獲得更多愉悅**。這個道理是基於「邊際報酬遞減法則」（我在本書裡指的是幸福），也是經濟學家都非常熟悉的概念。

為加以說明，不妨拿兩種商品來做比喻：啤酒和披薩，我假設兩者你都很喜歡。當喝下第一杯啤酒時讓你覺得很暢快；吃下第一片披薩也會令你覺得超美味。當喝了第二杯啤酒時，你覺得還挺好喝的，但不如第一杯那麼順口。當吃下第二片披薩時，儘管你覺得好吃，但還是比不上第一片披薩那麼驚豔。當你喝到第四杯啤酒時，你也許會願意把喝第五杯的機會，換成吃第一片披薩；同樣地，當你已經吃了四片披薩，你也許會想用第五片披薩，交換喝第一杯啤酒的機會。

這個邏輯同樣適用於其他商品與生活各層面，當然也適用愉悅和目標。由於愉悅與目標之間的取捨關係無法用數據精準表示，不妨以我的兩位朋友為例：米格和麗莎。米格是我最要好的朋友，他住在西班牙的伊比薩島。他工作僅只為了餬口，他喜歡派對，時常面帶笑容。在我的人生中，最美好的一些回憶就在伊比薩島，而且大多是因為米格。他稱呼我為「幸福教授」，我跟他相處時覺得很開心。另一位朋友麗莎則致力於研究行為科學以改善人們生活，因此她相當嚴肅地看待這份工作。她不苟言笑，即使在特定場合上，她也只會禮貌性地微笑。米格能強烈地感受到愉悅；麗莎則體驗到深刻的目標。

若米格能找到一件有目標的事，少做一些讓他覺得有趣的事，他會更快樂。若麗莎減少部分從事有目標活動的時間，讓自己更放鬆，去追求更多樂趣，她會更快樂。事實上米格和麗莎都曾向我坦白過，要是他們能在生活中感受到不一樣的愉悅與目標之比例，他們應該會更快樂。然而儘管他們意識到這點，卻都沒有採取行動。知道是一回事，真正去做又是另一回事。稍後我會在本書教各位該如何實現改變。

為了更詳細解說人們是如何衡量愉悅與目標，最近倫敦大學學院認知心理學家塔莉．沙羅特（Tali Sharot）、英國華威大學行為科學教授伊沃．維勒夫（Ivo Vlaev）和我共同執行一項小型研究，我們邀請20位學生為自己的日常活動打分數，如替朋友遛狗、複習功課、看電視、聽音樂等。我們請他們評比自己做這些事時，感受到多少的愉悅與目標感。

接著我們列出80種能產生愉悅與目標的活動，並詢問他們要是在隔幾天後，自己將會有幾小時的空檔，他們會想從事哪種活動。結果顯示，這些學生對日常活動的愉悅及目標評分，都可用來預測他們會在空檔時選擇從事哪一種活動，而且他們偏好選擇愉悅感分數較高的活動。[19]有一種可能的解釋是，因為這是他們的空檔時間，所以自然會想從事有趣的活動，勝過有成就感的。我們未來將會深入探討這個議題，因為我們打算觀察人們在體驗到愉悅及目標感時，大腦的活動情況會是怎樣。

與「時」並進的愉悅—目標原則

我們時時刻刻都會感受到愉悅、有目標、痛苦以及空虛感。在我們感受到更多正向情緒，且當這份正向情緒持續時間越長時，我們便會覺得更快樂。總而言之，幸福的關鍵在於**時時刻刻實踐愉悅—目標原則**。

時間才是真正的稀有資源。我們可以去討錢、借錢甚至偷錢，但時間一旦流逝就再也回不來了。時間銀行每天會給我們1440分鐘。當一天結束後，這個帳戶會再次歸零，你無法多借一分，也無法攢下一秒。更直白地說，你離死亡又近了一天。從時間的運用去探討幸福的學者少之又少，然而時光一去不復返，這表示我們得把感受到愉悅及有目標的持續時間和強度，統統納入考量，才有辦法界定幸福的定義及衡量標準。

總歸而言，我們應該努力找到該如何運用時間，製造更長期、更強烈的愉悅與目標感。我們無法找回失去的時間，同樣地也無法恢復錯過的幸福。繼續待在無趣的工作崗位上或者堅持與不合適的人交往，都只會加深你的痛苦，未來的幸福也不可能完全彌補你現在的損失。**錯過的幸福已成永遠，無法追溯。**

我得先說在前頭，更多的睡眠不一定是浪費時間。我有一位同事認為既然幸福持續的時間越長越好，那麼只要自己醒著的時間越久，便能擁有更多感受幸福的時間，如此一來想必幸福的程度也會越高。但是，要是你真的那麼做，想必也會感到更疲憊、更苦悶。**幸福感重「量」也重「質」**。像我的睡眠品質不太好，要是我能多睡1小時，我醒著的時候也會覺得更快樂。

當你擁有長期的正面情緒時，你會更快樂。更進一步地說，你認為自己感受到正面情緒的時間持續越久，你就會更快樂。我們對持續時間的感知，影響了我們的體驗。想必你一定有過同樣的經驗，在從事一些活動時，會覺得時間好像過得特別快。愛因斯坦曾說過：「當一個男人坐在美女身邊1小時，那感覺像過了1分鐘而已；但要是讓他在炙熱的爐子上坐1分鐘，那可是度秒如年。這就是相對論！」[20]在你感到痛苦時，會認為時間過得特別慢；同樣地當你感到空虛時，時間也彷彿靜止般難捱。[21]利用實際時間來估算不同活動所產生的幸福感，只不過是將真實感受的價值做個估算。

我們此刻的決定會影響未來，但我們往往更重視今天勝過明天；更在意明天更勝後天——然而人們其實又會認為一年與一年又一天兩者間幾乎沒有任何差別。[22]所以，我們才會特別只看眼前，這也解釋了為何有些人（包含我自己）容易衝動又不耐煩。

最近我和史丹佛大學經濟學家大衛．布雷弗德（David Bradford）、倫敦政經學院行為科學副教授馬特奧．蓋里茲（Matteo Galizzi）共同合作進行一項研究，我們發現人們「扭曲」時間的方式，恰巧跟扭曲噪音、熱度及光線的方式如出一轍。[23]倘若我把電視機音量從50分貝提高到100分貝，你確實會覺得音量變大了，但並不會覺得音量比之前大了一倍之多，所以你感覺到的差異會不及實際情況。同樣地，假設我先請你在一周內考慮某件事，然後同意把時間延長至兩個星期，可是你也不會就這麼認為考慮時間增加一倍之多。接下來，讓我們一起練習扭曲時間：

想像時間經過整整一星期。下頁有條橫線，最左端表示「很短暫」，最右端表示「很漫長」。請在線上標記出你認為這段時間有多長。

很短暫　　　　　　　　　　　　很漫長

接著想像時間經過整整四星期。請在下面的橫線上，標記出你認為這段時間有多長。

很短暫　　　　　　　　　　　　很漫長

如果你跟我們的研究對象一樣，在這兩條橫線畫出的記號位置應該差不多，這表示你覺得一星期與四星期的時間差不多長。換句話說，間隔了一星期後的那一天，與再間隔了三星期後的那一天，你覺得兩者之間其實差不多，儘管實際上後者時間較前者多了三倍。

個性衝動與否及感知時間的方式，絕對會大幅影響人們的行為。不過無論你屬於哪一種人，你都能在當下感受到愉悅及目標所帶來的情緒。各種情緒的流動是獲得幸福的關鍵，所以我們更應該用這些情緒，來評斷行為是否正確。

我贊成我們有時應該放棄一些眼下的表面美好，以換取未來更大的幸福。舉例來說，婚姻不美滿可以成為離婚的助力，尤其在新婚頭一年或隨著時間兩人漸行漸遠，其中一人顯然比另一人更哀怨的時候。[24]不過其實離婚也不見得是件壞事，一項英國研究證實，離婚反而可增進婚姻雙方當事人及他們的成年孩子（年齡介於18至30歲者）的幸福感。[25]好比戒菸，剛開始減少抽菸量可能會令人較不開心，但長期而言，當因此重獲健康及其他益處後，反而會覺得更幸福。[26]

先苦後甘是件好事，更重要的是以這種角度去衡量幸福感。當我寫下這句話時，我們全家正擠在一棟兩房的公寓裡。因為我們要重新整修房子，所以得在外租房八星期。雖然這八周的擁擠公寓生活會壓縮我們的幸福感，但一想到未來我們會在新房子住至少八年，就覺得這樣也不算吃虧。我們之所以這麼認為，正是因為想到了接下來會感受到的幸福。

當經濟學家和其他學者提到「延遲享樂」（delayed gratification）時，他們指的是犧牲當下的愉悅換取未來的愉悅。然而當幸福被定義為同時感受到愉悅與有目標，那麼想藉由犧牲兩者來追求成就感就變得更不可能。這是因為你所做的事雖然少了樂趣，但至少能帶給你目標感。好比職業選手，他們放棄許多生活中的樂子，只為了從清早開始磨練自己。他們可以說這是「延遲享樂」，不過我認為這些運動員是從訓練過程中，體會到**有目標**的喜悅。他們會體驗乳酸堆積的痛苦，也會感受到訓練的意義。我的研究成果和經驗告訴我，生活不是放棄當下的幸福去交換未來的幸福（反之亦然），而是應該**在不同的時間，就愉悅和目標感之間做一些取捨**。

既愉悅又有目標的生活

值不值得做某件事，取決於你感受到的愉悅與目標，這包含了預期未來將感受到的或好或壞的情緒，也包含對過去回憶的印象是好還是不好。你的未來預期和過往回憶，都將影響你此刻的感受。時刻留意感受到的愉悅與目標感，足以使我們評斷當下或當初的決定是否符合理性，進而獲得幸福。

對所有人來說，這樣的關注度很重要。當任何人在想要不要花整個周末追劇時，就能運用這個前提來做決定。這也提供一個全新的思考角度，給那些思索是否該制定政策導引人們主動選擇健康飲食而非一桶炸雞的政府官員。決定要不要追劇或買一桶炸雞，都得視兩者能帶來多少幸福感，而不是靠其他判斷標準、道德倫理等來衡量追劇或吃炸雞「有何好處」。

再舉一個例子說明。不妨想像熬夜的情況（也可以想像喝酒的情況，不過我不建議這麼做）。每當你隔天一早醒來覺得全身疲憊時，是否會不禁後悔昨晚熬夜了？從幸福感的程度來說，你有時會認同隔天疲憊的身軀所帶來的痛苦，遠超過熬夜狂歡的愉悅；可也有時你不會這麼想——你反而認為熬夜帶來的愉悅，能抵過隔天早上會經受的痛苦。重要的是，過去熬夜的回憶也許會成為未來的愉悅。每當我們思考該怎麼做才能更快樂時，別忘了**過去的回憶是當下幸福感的**

來源。因為幸福感，也包含對過去正向體驗的美好回憶。

經濟學家預設每個人都是最理性的人，可評判自己當下是否幸福，以及預測未來的幸福。如果從這個觀點出發，當你在思考要不要熬夜時，因為你已經知道熬夜帶來的後果，而且也知道自己不這麼做會不開心，所以你會熬夜。經濟學家認為這個道理是放諸四海皆準的，所以他們只關注你的行動。倘若你吃下一堆蛋糕且變胖，那也是你自己想要的結果，所以你既不會阻止自己吃蛋糕，也不會遠離它們，因為你覺得吃蛋糕會更好。可是，千萬別天真地以為只要**在事情發生前**，弄清楚自己的喜好就沒問題了，我們可不乏**事後**才後悔的經驗。我想我們應該多少都曾說過類似的話：「真希望自己當初沒那麼做。」

有別於經濟學家，公共政策學家則建議，我們應更重視事後的悔悟，但這又是另一種天真的想法。當行為造成負面效果時，我們會為此感到後悔，但不代表下一次我們就不會這麼做。吃蛋糕依舊是件快樂的事；高空跳傘有死亡或受重傷的風險，但仍然可以是件有意義的活動。

遺憾，是無法用三言兩語就能說清楚的。比起做了某件事，我們更容易為了沒做過的事而感到懊悔，特別是在面對重大的人生抉擇時。[27]有研究指出，後悔只會在特定時間出現，只有在你回想時，才會體會到這股情緒。曾有研究調查大學生在上次寒假中遇過的懊悔情況，也請畢業多年的人回憶四十年前，在寒假期間所留下的遺憾。研究人員發現，很多大學生後悔自己不夠勤奮向學（有目標的活動）；而畢業多年的人則懊悔自己錯過那些年的派對活動（有趣的活動）。[28]與其徒留遺憾，不如努力讓自己對**眼前**的愉悅與目標取個平衡。維持這兩者的平衡，還可能帶給你正面收穫——讓你更不容易感到惋惜。

當你決定熬夜、吃甜食、高空跳傘或做其他不論好壞的事情時，都不應該以事前可預測或事後不後悔的標準去衡量，而是應該考慮**這件事能否帶給你持久的幸福感**；更進一步地說，是**持續一生的幸福感**。這一輩子體會到的幸福感才是真正重要的事（即便這表示你得更仔細地著重在短期能否獲得幸福感）。

基本上，在你身上發生的事都可經由實證推論結果。你可以依照過去的幸福感體驗，去衡量自己的單一行為最後應被歸類為是好或壞的決定。我們很難在真實人生中，去證明不同的決定會帶來怎樣的後果，但不可否認的是，當我們衡量幸福感時，以**一輩子**的時間為基準才是正確的分析方法。要想在某一件事情中體會到更多或更少的愉悅與目標感，取決於你曾經在其他事情上所獲得的感受。再次強調，你不能只想著錯過的幸福，或者想做每一件事情都能獲得幸福。從定義上來說，當你選擇做一件事情，就表示你錯過了做另一件事情可獲得的幸福。

有些哲學家認為，只有當將死之人反思一生榮辱時，才有資格評斷自己的人生。[29]伯特蘭·羅素（Bertrand Russell）說：「我覺得人到將死之際，才會找到人生的目標。」[30]然而，時間不會為任何人停留，包含臨終之人。我很肯定每個人都會在意自己臨終前是否過好這一生，然而生命的價值來自這一生中體驗到的愉悅與目標，而非取決於我們在某個時刻的自我評判。

各位不需要立刻認同我對幸福感的定義。本書接下來的內容，將有助我們認識更多關於幸福的定義，比方說藉由評估生活滿意度。

由於我長期對愉悅與目標有著非常濃厚的探索興趣，這不僅形塑了我對幸福的定義，也影響我對相關實證證據的看法。因此，我會在下一章探討關於幸福感的相關數據。

第二章

關於幸福，我們了解多少？

我在序章裡提到的原因，使我想進一步了解人類在某段期間內**會將注意力放在哪裡**，以及**注意力焦點與幸福感**的關聯性。「你現在關心什麼事？」是一個難以回答的問題，所以大部分的研究都是以「你現在正在做什麼？」的問題出發，以衡量在不同時間點的幸福感。於是乎，那些調查資料得出的推論是，我們的幸福感來自參與的活動（如工作或看電視等），然而實際上當你正在「聽」老闆的訓斥或者「觀賞」《英國偶像》時，心裡可能正在想著其他事。不過，從多項大型抽樣調查的結果發現，活動是衡量幸福感的可靠設定，可幫助我們找出人們普遍會注意的事物。

在解讀有關幸福感的數據前，我有幾句話得說在前。經過這二十年來的研究，雖然我們對幸福感及諸多因子之間的關聯性之理解程度已有所增長，可是我們還沒能搞清楚那些因子，對幸福感的真正影響程度。造成我們無法從幸福與因子之間的關聯性去反推因果關係的原因，主要是二大阻礙：**選擇效應**（selection effects）及**因果倒置**（reverse causality）。以從事義工活動為例，那些原本就喜歡服務人群的人更容易成為義工，這表示我們也許無法把做這件事而得的幸福感讓大眾周知。此外，本來就覺得自己很幸福的人，也是最可能投身義務服務的族群，於是這部分的關聯性反而使幸福感與從事義工活動之間，構成「因果倒置」關係。在有關幸福的研究中，探討「先有雞還是先有蛋」的問題，是一大挑戰。

話雖如此，儘管有時是最初的幸福感驅使我們去做某件事，但我們對某項活動賦予多少注意力，才是決定做這件事能獲得多少幸福指數。你可能會因為心情好或壞，才決定要打掃家裡，然而最終「做家事」這件事，也會反過來影響你的心情。不管怎樣，我們都能在過得幸福的人身上以及他們做的事上，學到許多。

關於幸福感的實證研究

透過觀察生活上的愉悅與目標所得來的證據，能告訴我們什麼？有些研究人員會發送通知到研究對象的手機，每天不定時詢問研究對象目前的心情，以完成抽樣調查。這種做法挺煩人的，如果調查對象剛好處於特別痛苦的情緒時，大部分的人會寧願關掉手機鈴聲。此外，光是被詢問自己目前的快樂程度，就足以影響答案。[1]況且，藉由「經驗抽樣法」研究之成本並不便宜，還很耗時，所以為方便調查，研究對象通常是學生或iPhone手機用戶，但如此一來反而失去樣本代表性。因此，我們不得不質疑這些抽樣結果，是否足以反映普羅大眾的經驗。最重要的是，這些研究跟大部分的幸福研究一樣，都未將「目標」納入考量。

幸福感報告：德國篇

丹尼爾‧康納曼及其同事所設計的「一日經驗重建法」（day reconstruction method，DRM），是用來解讀人們在一天當中各種情緒的持續時間、類型及強度的絕佳方法。該方法是先將前一天的生活畫分為一連串事件，如通勤來往、吃午餐、看電視等，接著評估這些事件讓我們感受到的愉快、悲傷、焦慮或其他情緒。[2]

一日經驗重建法突破了過去衡量幸福感的研究，因為不像經驗抽樣研究那般具侵入性，卻能進一步納入我們從事各種活動的時間。然而，這項方法並不考慮目標。於是，我在2006年用自己改良的一日經驗重建法，探討人們從日常活動中所感受到的愉悅以及目標感。[3]為衡量研究對象的愉悅感，我效法原版的一日經驗重建法，詢問他們在從事每一項日常活動時，會感受到的快樂、緊張／焦慮、悲傷／鬱悶、安心／放鬆、沮喪、不耐煩或其他情緒。至於衡量他們的目標，則加入三個形容詞：專注的、忙碌的、勝任的／能幹的；以及三項敘述：「做這件事令我感到值得且有意義」「我覺得做這件事對他人有益」「我覺得做這件事有助我達成重要目標」。研究對象會以0分（完全不會）到6分（非常強烈）來回答所有問題。

以下我提供簡化版的研究問題，好讓各位也能參與這項實證研究。現在請回想在昨天早上做的一件事，並回答接下來的問題。請寫下當時在做什麼、誰和你一起做，以及用0到6分來評估這件事帶給你多少程度的愉悅及目標感。接著，請再回想你於同一天晚上做的一件事。

時間點	你在做什麼？	誰和你一起做？	愉悅（0–6分）	目標（0–6分）
昨天早上				
昨天晚上				

這是我與社會心理學家麥特・懷特（Mat White）共同合作的研究項目。那時候他住在德國，所以我們是透過一間德國大學經營的網路平台蒐集研究樣本。在625位參與者中，有61%是女性。研究對象的年齡介於16到80歲之間，平均年齡為36歲。接下來的圖表是其中一名女性參與者一天的

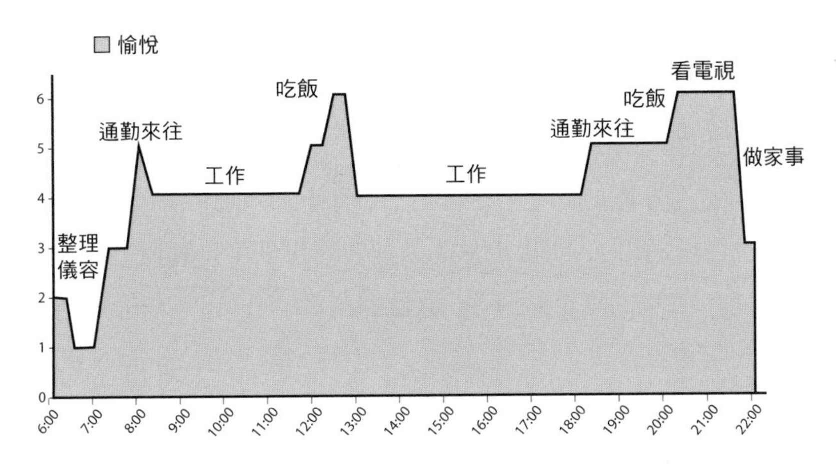

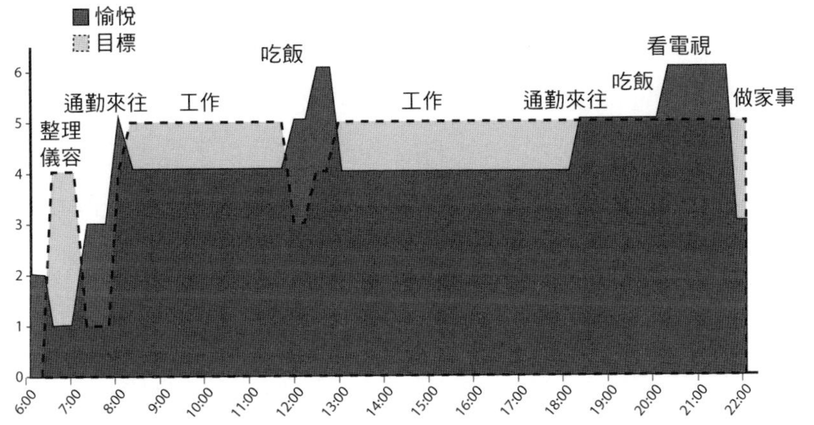

活動。她38歲，已婚、無子，有一隻寵物。她的年收入介於8萬至10萬歐元。

上面第一張圖是她的愉悅程度，她在中午休息時間和看電視的時候感到最開心。第二張圖是她的愉悅程度加上目標感，她在工作時和看電視時感受到的幸福感幾乎差不多，而且中午休息時間無法帶給她更多幸福感，因為對她來說，吃午餐獲得的目標感比不上其他活動。

我們接著要看在主要日常活動中，所有研究對象對愉悅及目標感的評分結果。這些參與者的每天平均睡眠時間是7小時、平均工時3.5小時（這是因為只有一半的人在指定的調查期間有做工作）、看電視2.5小時、陪小孩2小時、吃飯2小時、做家事1小時、通勤來往半小時以及從事義工活動10分鐘（這是因為有從事義工活動的參與者僅占5%）。剩下約5小時是從事其他活動，比方說祈禱、做愛、運動及購物等。

每一件事都會帶給他們或多或少的愉悅及目標感。我用接下來的表格，呈現這些事情的平均分數。從下到上的直線（Y軸），表示愉悅感越來越強烈；由左至右的橫線（X軸），表示目標感漸漸增加。當某件事產生的愉悅與目標感不相上下，則應落在對角線上。如果某件事落於對角線左邊，表示該件事的愉悅大於目標；如果落於對角線右邊，則表示目標大於愉悅。因此，看電視、吃飯及通勤來往，是愉悅大於目標的事；而從事義工活動、工作、育兒及做家事是目標大於愉悅的事。看電視是最愉悅，也是最無目標感的事。工作的目標感分數僅次於做義工，但工作的愉悅分數最低。看電視和工作都占據他們一樣多的時間，這項結果可能表示這兩件

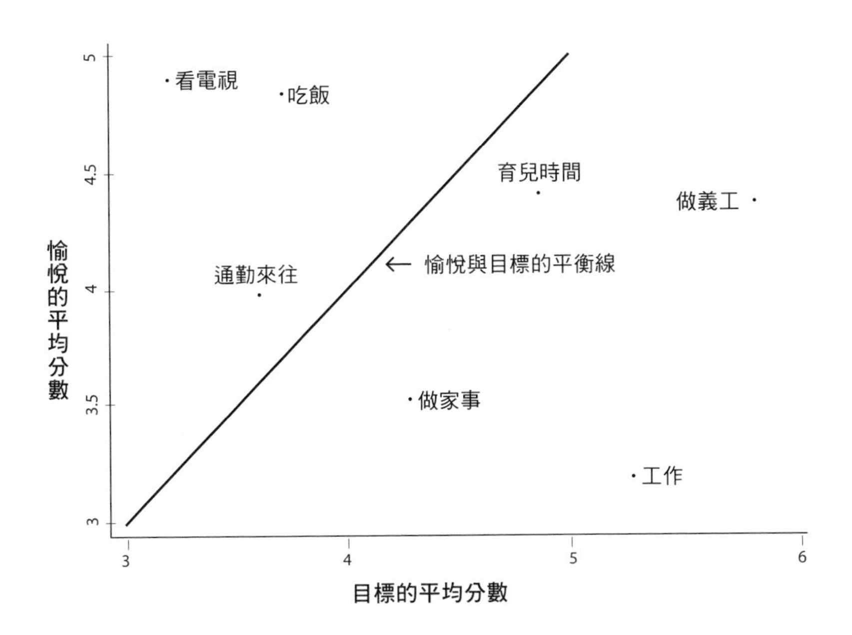

事，能平衡研究對象的愉悅與目標感受。

我更想表達的重點是，如果我們先評估做那些事的愉悅程度，然後再評估它們帶來的目標感，也許會得到不一樣的結果。也就是說，對於能令人們感到幸福的事情，會出現不一樣的推論。要想真正了解日常活動對幸福感的影響，我們一定要**同時評估愉悅與目標感受**。

接著，讓我們聚焦在工作和看電視這兩件事上。在研究期間，約有20%的參與者有做這兩件事，所以我們可以檢視他們對這些事打的分數，來試著推測這兩件事究竟是「愉悅機器」，還是「目標引擎」。我們將愉悅程度的分數減掉目標分數，如果結果為正數，表示做這件事的愉悅感大於目標感；如果為負數，表示目標感大於愉悅感；零分則表示愉悅程度與目標感不相上下。

計算結果如右頁圖。我們假設工作會帶來更多目標感，以及看電視則帶來更多愉悅感。我們用黑點呈現有做這兩件事的研究對象，結果發現其中有60%的參與者都落在左上方位置，我們稱他們是「走在平衡木上的人」。有10%的黑點落在右上方，這些人的分數指出，工作和看電視所帶來的愉悅大於目標，所以我們稱這些人是「愉悅機器」。至於剩下30%的黑點則落在左下方，這些人在做這兩件事所得到的目標感大於愉悅感，所以被稱為「目標引擎」。在這裡還可看到，從工作獲得愉悅大於目標，以及從看電視獲得目標大於愉悅的情況，並不存在。由這項研究分析可知，因為我們花了不少時間做這兩件事，使得大部分的人可以平衡其中的愉悅與目標感。

這份研究還有另一值得注意的事，**那就是與喜歡的人一起做某件事，也會影響幸福感**。不只是我們的研究，所有的研究報告都指出同樣結論，與他人一起做任何事，都能增加美好的感覺，包括工作。[4]有人一起做愉悅的事（如吃飯和看電視），我們會覺得更高興。有人一起通勤來往和做家事，也會令我們感到更有目標。

從比較基本特性來看，男性對日常生活會感到更愉悅；

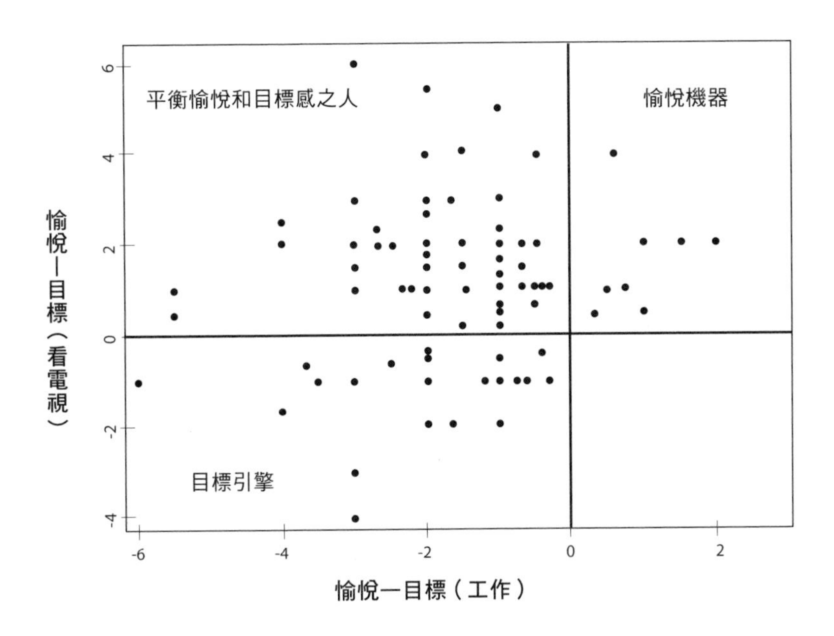

但納入目標後，女性則比男性能感受到更多的幸福感。另外，需要照顧家裡的病人或長者、家庭收入介於6萬至8萬歐元者以及已婚族群，會比其他人感到較不快樂；但只要納入目標後，他們的幸福感就會比其他人來得更強烈。

幸福感報告：美國篇

《美國時間運用調查報告》（*The American Time Use Survey*）是為了找出幸福與各種活動的關聯性而展開的一項大型研究。這項調查已經持續超過十年，研究員會估算人們花了多少時間從事工作，以及從事工作以外的活動——如做家事、做義工、照顧小孩等無酬活動。傳統的國民生產力研究不會涵蓋那些不支薪的活動，但實際上是有必要納入考量的。

2010年《美國時間運用調查報告》訪問了13000名美國人，詢問他們在前一天做某些事時體會到的愉悅和目標感受。受訪者平均年齡是47歲，最年輕的是15歲，最年長者是85歲。女性受訪者占60%。調查方式是隨機選擇一天，研究人員請所有受訪者記錄那一天做的所有事。隔日，電訪人員會針對每件事，詢問受訪者兩個問題。

第一個問題是：「昨天做這件事時，你有多快樂？從0到6分，0分表示一點都不快樂；6分表示非常快樂。」第二個問題是：「昨天做這件事時，令你覺得有意義嗎？從0到6分，0分表示毫無意義；6分表示非常有意義。」前者問的是「愉悅」，後者問的是「目標」。因為這二者的研究結果有所差別，心理學家蘿拉．庫德納（Laura Kudrna）和我一直在分析《美國時間運用調查報告》的數據。

平均而言，受訪者每天睡眠時間約8.5小時、工作3小時（這是因為只有60%的受訪者在選定的日期有做工作）、看電視2.5小時、做家事1小時、吃飯1小時、育兒1小時、通勤來往半小時、做義工10分鐘以及寫功課10分鐘。其餘6小時左右進行其他活動，包含使用電腦、閱讀、運動及娛樂活動、參加宗教活動、購物、照顧寵物、講電話、社交等。

不同族群，做各種事所運用的時間也有所不同。男性會多花約1小時工作，也會多花約1小時看電視；女性則多花約1小時做家事。這些兩性差異與典型的家務分工調查結果一致。[5]比起未婚者、喪偶者及離婚者，已婚者會多花約45分鐘工作，而未婚者則多半小時睡眠時間。時間運用的差別也會因年齡而有所不同。美國人的平均工時差不多，達就業年齡者每天工作約4小時；到了60至70歲時會縮減至約1小時。做家事的時間會隨年齡增加，可是還不清楚是因為世代差異影響，還是因年紀造成的體力使然。[6]看電視的時間也會隨年齡增加，受訪者在20來歲時會花2小時看電視，在50至60歲時會增加到近4小時。

接著，我們可從他們的愉悅與目標平均分數看出，每項主要活動顯然都會帶給他們或多或少的愉悅與目標感受。我在下頁也同樣使用圖表來說明《美國時間運用調查報告》的數據，我們可以發現這份數據與先前提到的德國研究數據相當接近。看電視、吃飯及通勤來往都是愉悅多過目標的事；而育兒、從事義工、工作及寫功課皆是目標多過愉悅的事。美國的數據顯示，做家事獲得的愉悅與目標感受差不多，然而德國的研究卻指出做家事是目標多過愉悅的事。請容我再次強調，在研究能讓人們獲得幸福的事情時，如果我們先以愉悅、再以目標評估日常活動，那麼結論也許會有所不同，

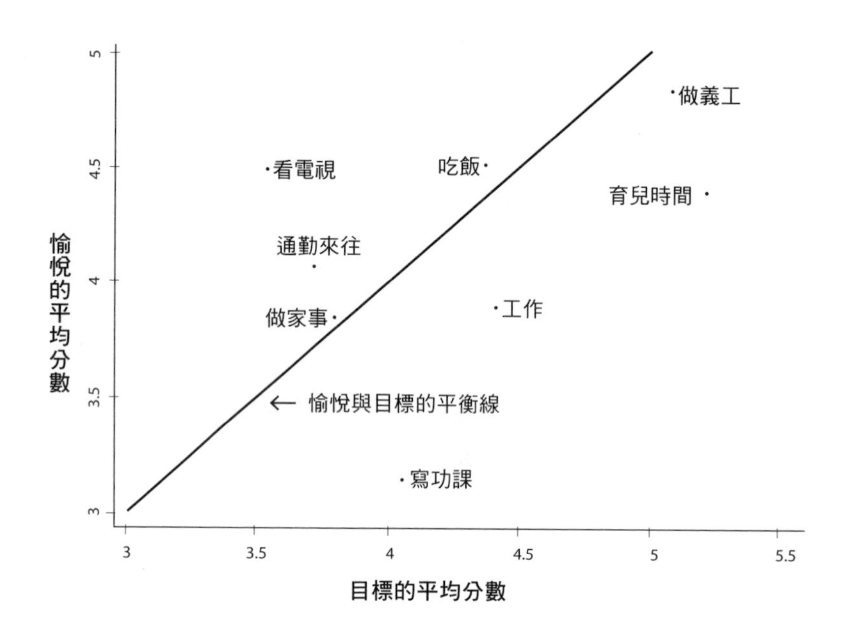

所以我們必須同時考慮這兩種感受。

這些數據還告訴我們，有人一起做這些事的時候，得到的愉悅與目標感也會更強烈。《美國時間運用調查報告》結果指出，和其他人一起互動，能使愉悅感增加0.4分，以及目標感增加0.6分。接下來的表格可以看到，人們多半喜歡有人可以一起做這些事。不過有一些事與他人一起做時，反而不會令我們變得更幸福。例如有人一起通勤來往，會減少做這件事的樂趣——也許是因為當我們獨自搭乘交通工具時，能自行決定收聽哪一個電台頻道，身旁也沒有人會不停指揮我們，反而使愉悅程度增加。有人一起寫功課，也會減少做這件事的目標感，因為獨自寫功課的效率會更好。不過，當我們思考這張表格時，也別忘了「先有雞還是先有雞蛋」的問題，亦即當人們正處於特定情緒時，可能選擇獨處。

日常活動	與他人一起做事的影響	
	愉悅	目標
做義工	+0.67	+1.49
吃飯	+0.06	0.00
做家事	+0.02	+0.53
工作	–0.05	+0.06
通勤來往	–0.13	+0.50
看電視	+0.22	+0.12
寫功課	+0.02	–1.55

接下來讓我們看看，跟哪些人一起做事，能增加我們的愉悅及目標感受。與親人一起照顧小孩，能帶來更多目標感；與任何人一起從事義工活動，能帶來更多的愉悅及目標感；與親人一起吃飯會更加愉悅；與同事一起上下班能增加目標感；與孩子一起做家事會更有目標感；與親朋好友一起工作能增添樂趣；與別人的小孩一起看電視，能同時增加愉悅及目標感；與兄弟姊妹一起寫作業，則會減少目標感。抱歉，我一口氣寫了這麼一大段，不過我希望你也對以上結論有所同感，進而讓我們對這些數據更有信心。

這些數據也反映出一些有趣的事，那就是年齡層給分的差異。我用下面圖表來說明，雖然各年齡層的人對於愉悅及目標的給分差別並不大，可是年齡介於15至23歲的人口給予的目標分數，明顯低於其他年齡層，甚至明顯低於同一年齡層的愉悅分數。如果我們只參考愉悅分數，反而不會發現年齡會影響幸福感，然而如果同時考量目標，就會有不一樣的理解。

當我們依族群特性區分這些研究對象時，還發現了一些有趣的模式。在育兒時，男性會得到更多愉悅感；女性則感到更強烈的目標感。這些差異也許是因為男性育兒時間較短，所以他們會覺得陪伴小孩很高興；然而對女性來說，育兒是更具有目標的事。在做家事時，收入越高者感受到的目

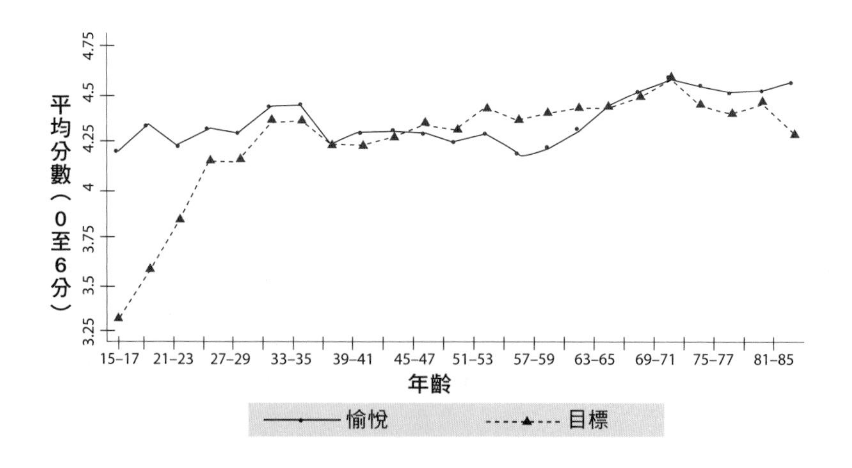

標感反而越低。假如做家事會增加時間壓力，那麼當人們越富有，他們會感受到更明顯的時間壓力，我待會會用另一項研究來加以說明。[7]

光是取得愉悅與目標的相關數據還不夠，這二項感受的區別也很重要。在衡量工作的幸福感時，愉悅程度不是唯一標準，我們還要考慮做這件事的目標，才不會小看了工作能帶來的幸福感。我們也發現與人一起互動時，往往也會讓自己更幸福，但如我一再提到的，區別做這些事的愉悅和目標，會導致稍有不同的結果（比方說，有人一起上下班會增加這件事的目標感，但卻會減少通勤的樂趣）。

更多的幸福感數據

生活滿意度調查

與其訪問對象從事的活動及具體感受，運用評價性問題調查人們的幸福感，是更省事又容易的做法。雖然我曾質疑過這樣的方式，但有總比沒有好，而且這個方式還能蒐集到更多資料。

在接下來的章節中，我會引用一些與生活滿意度有關的資料，所以我們也應該參考這些證據。

不妨想像自己也接受這一項調查。

請問你對目前的生活有多滿意？

0分表示完全不滿意；10分表示非常滿意。

________分（0-10分）

有兩份最完善的全球生活滿意度調查，分別是在英國和德國進行的研究。這兩份報告的調查時間都是約二十年，調查同一群的人們（約1萬人左右），調查對象會被問到生活滿意度的問題，以及關於個人及生活的諸多問題。基於在這段調查期間觀察的是同一群對象，所獲得的資料可稱為「縱向研究數據」（Longitudinal data）。身為經濟學家，我更喜歡分析縱向研究數據，因為這些資料可讓我看到，人們在順境或逆境時，幸福感的變化。為徹底分析這些文獻，幾年前經濟學家泰莎．皮斯古德（Tessa Peasgood）、麥特．懷特和我一起合作，我們整理了探討生活滿意度相關變數的研究，並著重於大規模的縱向研究數據（正如剛才提到的在英國及德國所蒐集的數據）。

我們從中得到的結論是，生活滿意度較高者，都是以下族群：

- 比較富裕的人（尤其跟同齡者相比）
- 較年輕者及較年長者（40至50歲者對生活滿意度較低）

- 比較健康的人
- 社交生活較多采多姿者
- 已婚（以及同居）
- 教育程度較高者（如果你希望過著最滿意的生活，擁有學位可以加分，但不一定要拿到博士學位）
- 信仰宗教（信仰哪種宗教不重要）
- 有工作者
- 上下班路程較短[8]

比起前面的研究報告，現在我們能更進一步了解各種因子對幸福感的影響。比方說，當你貧窮時，金錢變得很重要；可是當金錢增加，其對生活滿意度的影響也會逐漸減輕——但不至於完全沒有影響，因為金錢顯然會影響每天的心情。[9]然而，我們不得不謹慎，因為收入不僅會直接影響我們對生活的滿意度，還會影響其他與生活滿意度相關的因子，進而間接影響幸福感。比方說，較富裕的人通常社交生活比較豐富、已婚、身體較健康，這些都有助提高生活滿意度。所以在評估生活滿意度時，與其學經濟學家只看收入的影響，我們須結合所有影響因子。如此一來，收入對生活滿意度的影響力，會遠遠超過其他文獻提到的程度，因為我們不只考慮銀行餘額較高對生活滿意度的直接影響，也考慮這筆高額數字所帶來的間接影響。[10]

文獻指出，生活滿意度與年齡會形成一個U字形（也就是中年者最不幸福），可能是來自我們對生活的期望所致：年輕人期望未來會有更美滿的生活，所以導致他們的生活滿意度，會隨年紀逐漸降低；而中年人則不會期望未來的生活會比現在更美好，所以他們的生活滿意度會開始增加。[11]有了小孩後，生活滿意度往U字形底部下滑的時間會往後延二十年，但這是因為我們比較了有小孩跟沒小孩的人的收入及教育程度，而非單純比較有和沒有小孩的人。[12]另外，如果有幸活到75歲，我們可能會經歷第二次生活滿意度下滑。[13]有證據顯示，那些對生活滿意度達滿分者（也就是以滿分10分來說，認為自己對生活非常滿意）的年紀，會大於那些打9分的人，而且前者會比後者更窮困、健康狀況較差、教育程度較低。[14]這些研究結果促使我們想了解，究竟「滿意度」指的是什麼。

背景脈絡似乎也很重要。我用一篇學術研究來說明，有學者分析位於歐洲及盎格魯撒克遜的43個國家，發現當某一國家的宗教風氣高於平均水準時，其人民的宗教信仰將有助提高生活滿意度。這也表示，信仰宗教之所以能帶來幸福感，往往是因為加入某一群體，能為自己帶來好處。[15]

評量生活滿意度時，還會受到「內在」特質的影響，比方說個性及基因。喜歡社交的人性格外向，是對生活滿意度最高的一群人；反觀常感到焦慮不安（有點神經質）的人，是對生活滿意度最低的族群。[16]雖然性格是影響生活滿意度的重要因子，但也別忘了人的個性可能隨時間而改變。[17]另外值得注意的是，基因的影響會使我們相信每個人對幸福的設定值，我們的幸福感也許有起有落，但終歸會回到心中的設定值。不過，現在沒有足夠證據可證明這一點，因為有些事（比方說失業或失能），會對生活滿意度產生永久性的負面影響。[18]此外，對有些人來說，婚姻會持續對生活滿意度帶來正面影響。[19]我會在下一章提出更詳細的研究報告，說明哪些事會習慣成自然。

英國國家統計局的四個問題

現在還有一些令人振奮的新數據，未來將能有助證明不同衡量方式之間的關聯性。英國國家統計局為從各種角度了解該國國民的幸福感，於是蒐集任何與經濟成長有關之數據，以及用許多方式了解人民的生活樣貌。

羅伯·梅特卡夫向英國國家統計局薦舉經濟學家理查·萊亞德和我。為了調查人民的幸福感，英國國家統計局當時已準備了一系列有關收入、工作、教育程度及健康等方面的諸多問題，不過還需要我們推薦一些問題，來補足這項調查。[20]因為他們要求的題型必須是可迅速回答的問題，所以不能要受測者依時間推移，回答幸福感變化的這類細節問題。不過，最後英國國家統計局還是同意加入四個關於幸福感的「大問題」。這表示，儘管調查問題會以評估方式呈現，雖然不符合我的理想，但至少我們可提出一般性問題，讓調查對象能同時考量他們的愉悅與目標感受。

於是，英國國家統計局每年透過這四大問題，調查近20萬名英國人的幸福感：

- 綜合來看，你對目前的生活有多滿意？
- 綜合來看，你覺得自己在生活中做的事情有價值嗎？
- 綜合來看，你昨天是否感到幸福？
- 綜合來看，你昨天是否感到焦慮？

所有問題都以0到10分作答。0分表示「一點也不」；10分表示「完全地」。你已經回答過第一題了，所以請再花點時間，回答接下來的三個問題：

- 你所做的事情有價值嗎？ = ________
- 昨天感到幸福嗎？ = ________
- 昨天感到焦慮嗎？ = ________

多虧行為科學研究員凱特・拉凡（Kate Laffan）協助分

析這些資料，你可以比較一下自己與英國大眾的平均結果：

- 生活滿意度＝7.4
- 價值感＝7.7
- 昨天的幸福感＝7.3
- 昨天的焦慮感＝3.1

儘管有些平均分數看似差不了多少，但實際上的差異卻很大。

舉例來說，生活滿意度與價值感的差異雖然僅0.3分，但其影響卻略大於喪偶對生活滿意度的影響。[21]所以，我們必須盡量問多一點問題，來調查人們的幸福程度。

年齡對這四個問題的回答有著差不多的影響：整體而言，調查對象都認為「中年時期，日子過得不順遂」。結果指出年齡介於45至59歲的調查對象的生活滿意度、價值感及昨日幸福感分數最低；其中年齡介於50至54歲的調查對象的焦慮感分數是最高的。

不同族群間也存在一些有趣差異。在前三項正面幸福感評估問題中，女性會給予較高的評分，但她們的焦慮感評分也較高。雖然數十年來的研究發現男女對生活滿意度的差距已逐漸接近，但這個發現大致上仍與其他探討性別差異的研究報告結果相符。[22]此外，儘管是在英國進行這項調查，我們依舊發現不同人種的幸福感也有差別，非裔、阿拉伯裔、孟加拉裔、巴基斯坦裔及印度裔英國人在這四個問題的評分，都明顯低於白種英國人。而且整體上，男性白人平均比少數族群的女性稍微幸福一點。

當我們分析了調查對象的婚姻狀況後，也發現一些有趣的關聯性（我們必須謹慎推論因果關係，這點千萬不可忘記）。比起因離婚、分居或喪偶的失婚者，已婚者及有民事伴侶者（在執行這項調查期間，英國允許同性戀者可登記成為民事伴侶關係），對前三項正面幸福感評估問題的評分較高。其中，有民事伴侶者的幸福感比已婚者高，但二者的焦慮感評分是一樣的。而且已婚者及有民事伴侶者的幸福感也比同居者高。以上種種發現，正如流行天后碧昂絲的歌詞唱著：「愛我，就為我戴上定情戒」。有趣的是，儘管在英國倫敦的民事伴侶者較幸福，但北愛爾蘭的情況就不一樣了，這項差異也許反映出倫敦人普遍對同性戀者的認同度，高於北愛爾蘭人。

剛才也提到失業會對生活滿意度帶來很大的負面影響。不過，長時間工作卻無法令人對生活感到更滿意，因為調查結果顯示，每周工時超過48小時者更不快樂。儘管歐盟規定雇主不得強迫員工每周工作超過48小時，但仍有許多人「選擇」超時工作。較長工時，能帶來更多幸福——如果這是真的，那也不錯，只可惜現實是相反的，而且經濟合作暨發展組織（OECD）在2011年發表的《生活過得好嗎？》（*How's Life?*）報告，也同樣給出相反結論：在歐洲國家中，高達四分之三的人不認同自己的工作與生活達到平衡，他們都認為「工作」得太多，而且無法好好地「生活」。[23]

在比較不同的調查數據前，我想再次提醒各位要謹慎看待多項研究數據——甚至有時候，使用同一份調查的數據做比較，也要相當謹慎。

當英國國家統計局在2012年發表第一份調查數據時，行為科學家喬治．卡維楚斯（George Kavetsos）和我便注意到這些調查都是以面對面訪談或電訪方式進行，所以我們想知道調查的進行方式，是否會影響結果。調查方式確實會有所影響，但是哪種影響呢？也許你跟我一樣，會認為當你坐在某人面前時，你會傾向表現得快樂一些，所以面對面受訪者的幸福感分數，應該會比電話受訪者高。可是各位知道嗎？我們的發現卻正好相反：電話受訪者的幸福感分數較高。[24]我們目前還無法找出理由來解釋這項發現，但當時我跟丹尼爾．康納曼討論時，他認為這是因為人們無法當面說謊，但透過電話，人們倒是可以膨脹自己的幸福感。我們還需要做更多研究，不過除了運用哪些問題調查幸福感之外，我們也需要考慮訪問的進行方式。

影響幸福的因子

我們不斷地蒐集到更多有關幸福感的相關數據，也從中得到許多成果，尤其是對於做不同的事能帶來的愉悅與目標感受。儘管我們相當了解人們會用什麼樣的標準來評估生活，卻不明白人們是如何在生活中獲得感受。有些與幸福有關的因子，其對評估和體會幸福的效果都是差不多的，比方說高個子對生活的評價較正面，同時也認為自己較常處於愉快的情緒中。這種影響有一部分可歸因於高個子可能從小得到較好的營養和照顧，使得他們長大後得以發揮知識及生理方面的潛能，以致他們的教育程度及收入水準也比一般人好。[25]也可能是因為一般人總以為高個子比較聰明、身體更強壯，這種想法連帶影響了高個子的一生──正如一般人會認為外貌姣好的人，在面試後更有機會被公司錄用。[26]

總之，雖然生活的條件（如收入、婚姻狀況及年紀等）會影響你評量自己的方式，但是**你的所作所為更會影響你此生的經歷**。以失業來說，我們都知道失業者對生活的滿意度，肯定低於有工作者。我們也知道即便在做同樣的事，如購物、旅遊或社交等，失業者更容易感到哀傷。儘管如此，失業並不怎麼影響「一日經驗重建法」的研究結果，這是因為工作並不是特別讓人感到愉悅的時間。[27]不過根據我們在德國做的「一日經驗重建研究」，結果指出工作是有目標的事。

或者，我們以婚姻為例。文獻探討指出婚姻對生活滿意度有正面影響。可是，如果我們進一步觀察人們運用時間的方式，就會發現**已婚女性不比單身女性更快樂**。雖然已婚女性看似有更多的親密時光，比方說我的太太萊絲喜歡和我一起看電視，主要是因為她喜歡跟我一起討論節目內容，可是單身女性擁有更多自由時間，想做什麼都可以。當然，這只是一般情況，而且，我發現那些能平均分配獨處時間和兩人時光的，是最幸福的夫妻，他們既可「共享」時光，也能「自由地」去做自己想做的事，他們也不太會閒來無事就找對方麻煩。

總而言之，當研究員和評論員在指出有哪些影響幸福的因子時，他們通常並不曉得他們認定的答案，絕大多數會取決於衡量幸福的方式。有人說中年危機會令人不幸福，這個說法其來有自，如果你回想之前U形的人生幸福感曲線，當人們邁入40至50歲時，是生活滿意度相對低迷的時期，我們的「一日經驗重建研究」也得到一樣的結果。不只如此，最近有一些很有趣的證據指出，大猩猩的一生，也會經歷同樣的U形幸福感曲線。[28]

但我們先別急著下結論。《美國時間運用調查》的數據顯示，人們在日常生活中體會到的愉悅，不會隨年齡而改變，而德國的「一日經驗重建研究」所蒐集來的數據則指出目標會形成倒U字型曲線，也就是在人生滿意度低潮期（年屆50歲左右）時，目標帶給人們的意義感會達到高峰。有研究發現同理心會隨著年齡形成倒U字型曲線（這或許是因為有了孩子後，我們需要更多同理心）。[29]壓力、擔憂和憤怒則會隨年齡而減少。[30]如前面提到的，負面情緒如無聊、羞愧和罪惡感會隨年齡減少，而這股減少的趨勢會持續到60歲左右才停止。[31]有趣的是，蘿拉．庫德納和我也從《美國時間運用調查》的數據中發現，日常生活導致的疲憊感，會隨年齡減少。[32]

不過，當我們彙總《美國時間運用調查》中有關幸福衡量的數據——疲憊感、痛苦、壓力、快樂、悲傷及意義感——那個熟悉的U字形曲線又出現了。可是，這個曲線看起來有些不一樣：從10到30歲期間，我們的幸福感會隨年齡增加，接著開始下降，進而形成U形曲線。在英國國家統計局公布的數據中，在10至30歲期間的幸福感並未增加，而且幸福感所形成的U形曲線形狀符合一般觀察到的那種情況。雖然我們已經想方設法，透過蒐集人們前一天快樂及焦慮的情緒感受，但這些答案都是人們依據自己前一天的回憶，所做出來的回答，所以在事後看來，我們一點也不意外會得到這些評估結果。因此，我們應該努力的方向是透過「經驗抽樣法」（隨機訪問人們當下的感受），或者效法一日經驗重建法或《美國時間運用調查》的做法（在指定時間，訪問人們在做什麼事），直接衡量以經驗為基礎的幸福感，藉此避免他們從整體評估的角度，來回答問題。

請讓我重申一次，我們對於影響幸福感的因子所得到的結論，絕大多數都取決於**衡量幸福的方式**，而且目前還沒有學者能夠清楚解釋其中的因果關係。儘管生活滿意度會隨年紀下降，但人們10至30歲期間，生活滿意度會逐漸增加。在越接近30歲時，他們會覺得生活漸漸好轉，直到有人提醒他們已經要30歲了。這也表示，很多事情取決於我們的注意力焦點——事實上，一切皆取決於我們關心什麼，也就是我們眼中的事物。

第三章

幸福來自何處？

一直以來，我們不曾放棄尋找幸福的成因，也不曾停止解釋為什麼會活得不夠幸福。正如我在序章中提到的，一切對於幸福的解讀，都是為了將投入（影響幸福的諸多因子，如收入及健康）與產出（衡量幸福的特定方式，比方說生活滿意度）兩者直接兜在一塊。無論是學術研究或制定政策，都是沿著「健康會對幸福造成哪些影響？」的路線而展開。我一直覺得這個議題缺乏全面性的討論，甚至給我有些零散的感覺。我的經濟學者精神，促使我更努力追求一個更完整的解釋，並將其化繁為簡。[1]我想，我已經找到了。

幸福的量產方式

對經濟學家而言，如果不能使產出最大化，就表示投產的資源未能妥善（有效地）運用。如果我們無法將產量最大化，但透過「提升製程效率」，也就是優化參與製造過程的人員及設備，我們仍可能製造出更多產品。要注意的是，製程是將投入轉換為產出，投入物及產出物兩者之間不存在直接關係。有了更多員工和設備，你也許能生產更多產品；可是如果無法有效率地運用這些資源，新增的員工和設備也無法推升產量。產量的高低，取決於製程的效率。

以此類推，將收入、健康等概念轉換為幸福，也是一種製程。那麼，**幸福的製程**是什麼？既然幸福是隨著時間而獲得的愉悅及目標感受，那麼我們至少可暫時這麼回答：幸福的製程，也許跟**運用時間的方式**有關。藉由分配時間去做不同的事，我們就能將收入、健康等概念，轉變為幸福。然而，時間不只用來做那些事——也用來思考。事實上，我們會花大部分時間注意「刺激」(stimuli)，而非當下正在做的事情上。比方說在撰寫這一段時，我就已經分心好多次，因為我正在想著要不要再喝一杯咖啡。我猜，各位在閱讀這本書時，也免不了出現分心情況。

幸福的製程，取決於**注意力的分配**。在這個幸福的製程中，投入物是不計其數的刺激，而且會不斷爭奪你的注意力。你對刺激的注意力，能將它們轉變為幸福。聚焦注意力，將這條製造鏈中的投入與產出彼此「連接」起來。生活境遇會對幸福產生很大的影響或毫無影響，這取決於你有多麼重視。儘管兩個人在各方面都非常相似與契合，可是只要他們將投入轉化為幸福的方式有所差異，便會感受到完全不同程度的幸福感。

因此，我們需要思考的，是**該如何決定應該注意什麼**，以及**應該以什麼方式賦予注意力**。當你在閱讀這本書時，可能有許多事也需要你的關注。也許你能聽見孩子在外面玩耍的聲音，或隔壁房間傳來的電視聲；又或者你想查看手機剛接收到的新訊息，或是想去泡杯茶。你需要用某些方式，處理這些刺激。

投入物	製程	產出物
不勝枚舉的刺激，如此書、孩子、銀行餘額、健康狀況等	分配注意力	幸福

幸好（我敢肯定大部分的人也會認同我這麼寫），這大概是我給幸福製程所下的最佳解釋了。與其提出一個死板板的公式，只為了教你如何將投入物轉變為產出物，我更想做的，是透過描述製程的方式，來吸引你，並輔以敘述的方式幫助你更了解幸福源自何處，以及該怎麼做才能讓自己更幸福。

公司行號會想方設法用最有效的方式結合各種投入資源，我們也該這麼做。**面對身邊諸多爭奪注意力的刺激，我們要想辦法分配注意力，來獲得最多的幸福感**。正如剛才提到的製造產品，增加投入物也許能創造更多幸福感，不過要想事半功倍，就得適當地分配自己的注意力。這些觀點結合了經濟學的製程以及心理學的注意力，而有趣的是（至少對經濟學者來說很有趣），「注意力」一詞從未出現在經濟學的書籍裡。

合理分配你的注意力

你的注意力，和所有事物一樣都是稀少資源。我的意思是，你必須合理分配注意力，因為當把注意力放在一件事上時，就無法再去注意其他了。稀缺是經濟學的核心概念。而**注意力的稀缺**，也成為我從事研究幸福議題的主軸。

想變得更幸福的關鍵，在於能令你快樂的事，需要你投以更多注意力；無法令你快樂的事，則要減少投以注意力。要留意的是，我的意思不是要你注意幸福本身。舉例來說，當公司重新設計製程時，他們將會監督產出的產品，直到找到能有效生產的製程。公司不會更改製程，除非外在條件發生變化（比方說投入物的價格變動）。當誘使製程改變的成因已經不存在時，我們會說這個製程已達「均衡狀態」（equilibrium）。「均衡狀態」也會是你追求的目標，一旦達到「均衡狀態」，就不必無時無刻監督自己的幸福，除非本身或周遭環境發生變化。

經濟學家已開始運用注意力，來解釋經濟決策，[2]我可以用一個很好的例子來說明。有人想在eBay網站販賣一張總價4美元的雷射唱片。他打算以一張唱片特價0.01美元加上3.99美元運費之條件販售；或一張定價4美元，但免運費的方式進行販售。假使消費者的注意力都放在商品和服務的售價上，那麼我們可預計這兩種定價策略，應該會帶來相同的銷售額。可是實際上，消費者卻更加在意售價，不怎麼在意運費，因此第一種策略的銷售額比較高。[3]注意力的稀缺是人們與生俱來的特質，這一觀念也隨即在商業界火紅，還被冠以「注意力經濟」（attention economy）一詞。資訊與科技會接連轟炸消費者和員工，我們必須獲得他們的注意力，才能在商場上贏得勝利。[4]

你需要學會最好的注意力分配方式，也要懂得有效管理你的注意力能量。正如產值優異的公司不會過度壓榨其員工及設備，所以你也不應耗盡自己的注意力能量。[5]當覺得自己已經處於「均衡狀態」時，就該讓自己休息一下。

在撰寫本書時，為幫助自己集中注意力，但又不致耗盡能量，我在電子郵箱設定一筆自動回覆信件，內容寫著：「嗨，因為我想在7、8月解決掉一個重要案子，所以我只會回覆最緊急的事。感謝您的諒解，改天見囉！保羅。」值得注意的是，這則回覆內容也讓其他人知道，這段期間我都在忙些什麼。

注意力可以改變我們的大腦。在倫敦，必須通過一項非常艱難的測驗，才能成為計程車司機，那就是他們必須熟記25000條街道名稱和位置。這個測驗的通過率只有一半，合格者大腦的海馬迴——負責處理空間訊息的大腦部位，比不合格者的還大。可是，這些司機並非一開始就擅長處理空間訊息，而是當他們準備測驗的過程中，因為要記住的東西多，進而使海馬迴漸漸變大。[6]

大腦是個極度複雜又精密的處理系統，裡面有著數不清的神經元和類神經連結，所以我們可學著對某些刺激給予更多注意力。可是，我們一次能處理的資訊量有限。為說明注意力能量是有限資源，不妨以問答節目《最聰明的英國人》（*Britain's Brightest*）為例，在這個節目中，主持人會出一系列機智問題考驗參賽者，而參賽者必須在40秒內盡可能回答更多的題目——這個遊戲更狡猾的地方在於，參賽者必須自己數40秒。他們可隨時喊停計時器，但一旦計時超過40秒後，時間超過越多，扣分也越多。結果許多參賽者都超過40秒，因為他們思考得太久，反而失去答對題目所得到的分數。造成這個後果的原因不言而喻，那就是「顧此失彼」：參賽者不僅無法全心全意思考問題的答案，又得同時留心時間流逝。

為何你沒看見大猩猩？

心理學家丹尼爾・西蒙斯（Daniel Simons）和克里斯・

查布利斯（Christopher Chabris）在哈佛大學進行了一個實驗：「看不見的大猩猩」(invisible gorilla)，這是最著名的注意力實驗之一。他們請學生分成兩隊，分別穿上黑色和白色上衣，然後請兩組隊員互傳一顆籃球，並把傳球過程拍成一段短片。接著，他們邀請其他學生觀賞這段影片，並請他們數一數白隊球員的傳球次數。影片播放結束後，他們詢問學生在影片中有沒有出現不尋常或奇怪的事件，也詢問他們在影片中有沒有看到其他人出現。結果揭曉，影片裡有一頭毛茸茸的大猩猩（由學生扮裝）走來走去好幾次，可是超過一半的實驗對象卻沒有發現。當重新觀賞影片時，學生們感到很驚訝，因為他們這下才發現這頭大猩猩有多顯眼。由於實驗對象全神貫注地計算傳球次數，以致根本沒注意到大猩猩。[7]當時我也在普林斯頓大學參加這項實驗，我也完全沒注意到那頭大猩猩，直到他們告訴我並讓我再次觀看影片後，我驚訝的程度不亞於哈佛學生。

有另一項實驗，是讓放射科醫師觀看肺部斷層掃描片，並找出掃描片上的癌症腫瘤，可是他們也沒發現在掃描片的上方一角，有一頭大猩猩。這些醫師所受的專業訓練是找出身體上的病變，但他們也沒發現極其不尋常的地方。當然，他們的表現比一般人好，有20％的放射科醫師看見掃描片上的大猩猩，而參加實驗的普通人則都沒有看出來。[8]雖然我們在現實生活上不太有機會遇到大猩猩，可是牠們代表著那些應被看見、但卻被視而不見的非比尋常之物。這些實驗證實了當我們把注意力放在某一方面時，就會無法分神注意周遭環境的其他地方。這種情況稱為**不注意視盲**，也就是太專注於情境中的某部分，而無法看見整體。每當有飛行員或外科醫師出錯時，航空界和醫界人士往往以此為由來討論這類情況。[9]

2005年，伊蓮・布羅米利（Elaine Bromiley）女士在英國某家醫院接受一道常見的鼻腔手術，但突然間不尋常的併發症讓她的呼吸中止。當時的醫療團隊盡全力疏通她的呼吸道，卻沒有做緊急手術打開氣管，要不然就可以救她一命了。即便有優秀的醫療團隊和健全的設備，醫療疏失還是發生了。[10]伊蓮的先生馬丁・布羅米利（Martin Bromiley）是一位航空公司飛行員，他調查妻子的死因後提出建議，為避免人為疏失，航空業對於緊急情況的應變程序，也可應用於醫療行為。

長久以來，飛行員仰賴例行性檢查表，來維持「狀況感知」（situational awareness）。儘管檢查表只列出非常簡單的資訊，可是這些資訊網羅關於飛安的所有因素，足以幫助機組人員掌握整體局勢。現在已有越來越多醫院使用醫療檢查表，這都要歸功於馬丁的貢獻，以及一些鐵證說明醫療檢查表真能挽救性命。除了一般性資訊之外，醫療檢查表也涵蓋一些偶爾會被忽略的內容，比方說核對病患的名字。

不只在手術室和駕駛艙，任何情況下我們都應要保持「狀況感知」。研究結果顯示，使用「自動跟車系統」（adaptive cruise control，系統會根據前車調整車速）的駕駛，對路況的警覺性較低，如果在路上遇到突發狀況，發生車禍的機率會比較高。[11]由此可知，幸福的成因看來是頭隱形的大猩猩，是再清楚不過的事實。

見樹又見林

誠如剛才所說，在周圍的刺激之中，我們可能會不自主地更加關注某些刺激。早在一百五十年前，已有證據顯示我們的認知、記憶和回憶，常是未經深思熟慮而產生的。[12]因此，我們需要區分兩種注意力：**有意識關注**（conscious attention）以及**潛意識關注**（unconscious attention）。前者是指你知道自己所關注的焦點，後者是指你不清楚自己所關注的焦點。當我們的「有意識關注」被分往其他地方時，此時的思維過程也算是「潛意識關注」。[13]如果想獲得更多更長久的幸福，而且永遠沉浸在幸福之中，了解這兩者的差別是很重要的，這麼一來才不會在幸福到手前就先精疲力盡了。有時你得知道自己在意什麼，但大部分的時候你並不知道。

正如我在前面用「製程」的概念引導你思考，請不要按照字面理解我接下來的敘述。「潛意識關注」的分配方式是無理可循的——我們的注意力老早就被分配出去，而非出於自主的決定。不過如同我們可預見的，你能有意識地選擇自己的「潛意識關注」要徜徉何處。儘管不能命令你養的小狗要怎麼奔跑，可是你可以選擇帶牠去哪座公園。當我們面對各種環境刺激而得做出反應時，不妨把自己當成這一隻小狗。

系統一和系統二

為了更明確區分有意識及潛意識關注，我們需回顧一下歷史。在人類進化史上，我們的祖先始祖地猿（Ardipithecus ramidus）在四百五十萬年前的仍主要住在樹上，他們的平均身高大約4英尺（約30.5公分）。儘管始祖地猿已經滅絕了，但在某個程度上來說，其大腦仍然存留在你我身上。我們都源自同一個祖先，所以大腦的運作方式也遺傳自他們。

近幾年來，行為科學家一致認為我們較常使用**系統一**做出自動反應——也就是我們的固有思維，而較少運用**系統二**做深度推理思考——就像《星際迷航記》的史巴克那樣。「系統」二字，在此指的是**兩種處理系統**。[14]根據我個人的分類，潛意識關注屬於系統一。附帶一提，這兩種處理系統並非真正存在於大腦裡。人類的大腦更複雜，大腦區域之間有許多重疊之處，但為了解釋情境脈絡和認知對人類行為的諸多影響，這個命名有助理解接下來的內容。

我們的大腦都有一個自動的系統一。無論你是來自東方還是西方國家，這個系統的運作方式大同小異。因為你我可能來自不同的文化背景，彼此大腦中掌管深度思考的系統二之運作，也許就會截然不同，所以我們有時會做出完全不一樣的行為。儘管如此，系統一則會令我們的行為相去無幾。我們已經知道的是，大部分的時候都由情境脈絡所主宰，因而在很多情況下，你我的行為都是差不多的。

即便在我們未能察覺的情況下，系統一也隨時在運作著並引導我們做出反應。就好比速食，在現代的忙碌社會，速食已成為省時和即刻滿足的象徵。[15]所以只要一想到速食，我們就會不自覺地沒耐心，行為也會變得更不耐煩：無論是麥當勞還是肯德基，如果讓人們快速看一眼畫面中有這些速食店的照片，幾乎所有人都不會注意到照片裡出現過這些餐廳；而且比起只看到一張全白圖片的人，看過速食店照片後再閱讀一篇文章的人的速度，比前者快了15秒。比起被要求對其他平價餐廳的商標設計發表看法，如果人們被要求評論的對象是速食餐廳，則會傾向更迫不及待地想拿到酬金：寧可立刻拿到3美元，也不要等一個禮拜後拿到更多錢（3.05至7美元）。[16]

在2004年的奧運賽事中（包含拳擊、跆拳道、摔角和自由式角力等項目），選手們會隨機拿到藍色或紅色賽服。如果賽服的顏色不會影響選手表現和裁判結果，那麼穿著藍色和紅色賽服的獲勝者人數應該是相近的。可是，實際結果卻是穿藍色賽服的選手只贏了三分之一賽事；穿紅色賽服的贏了三分之二賽事。[17]引人注意的是，要是那些選手一開始有幸拿到紅色賽服，其獲勝機率是對手的二倍。紅色是代表進攻的顏色，相較於藍色是促進創造力的顏色，所以紅色不只能「打敗」藍色，還能進一步影響裁判的判決。

如果商場正播放著法國手風琴演奏曲，有位消費者剛好打算買瓶紅酒，在擺著德國產和法國產的紅酒櫃前，他就會傾向買法國產紅酒。如果此時播放的是德國小酒館裡常會聽到的銅管樂曲，那麼他更可能買下德國牌的紅酒。事實上，有研究發現商店賣出的酒，有70%都反應出當下播出的音樂類別；但當研究員詢問消費者時，只有14%表示店內的音樂是促使他們做出決定的原因。[18]

隨著我們對潛意識思維的理解有大幅度的進展，相關書籍也如雨後春筍般出現。[19]對我來說，人類的大腦就如同一台加密電腦，潛意識思維是一組密碼，讓我得以破解人類的理性思考迷思。[20]有個研究甚至提出問題，促使我們去思索人類的理性思考會對行為產生什麼影響。[21]這也許是高估了人類的能力，不過也可從此看出理性思考的因果作用肯定被過度強調了。[22]

有一件事倒是肯定的：我們的大腦很懶，它想保留注意力能量。不妨檢視一下自己的行為，我們許多決定可能源自系統二，但結束於系統一。你曾有過聽聞要去開會卻逕自走到自己的辦公室，只因為你已習慣走回辦公室（但該次開會地點並非在辦公室）？或者，你曾出門後又折返檢查門鎖，因為不記得自己有鎖門？這兩件事，上禮拜我都發生過，這都是因為大腦想要養成習慣，以節省能量的緣故。「習慣」是一種自動產生的行為模式，它的出現是因為過去的情景持續重現，而形成一種自動反應。[23]何苦浪費注意力能量去思考該怎麼到辦公室，或要不要鎖門，反正我們每天都這麼做，不是嗎？

為全心全意達成手上任務，運動明星懂得關掉一切外在干擾。他們必須學會進入「專注狀態」（in the zone），直到可隨心所欲地切換狀態。同樣地，如果藝術品鑑定師能將他們豐富的藝術知識和智慧，從系統二轉移至系統一，他們顯然能更迅速地判斷出藝術品的真偽。[24]所以對我們來說，理想情況是要把那些為追求幸福而開始關注的事，轉變成能自動給予關注。

那些提倡「快」思「慢」想的專家，最不樂見的事就是再一次「刻意思考」。對舉重、高爾夫和司諾克撞球的明星選手而言，刻意思考如何贏得比賽，反而可能導致「凸槌」——因為刻意思考會使壓力突增，進而讓動作僵硬而輸掉比賽。以舉重比賽為例，比起在第一輪就取得第一名的選手，只排名在第十名的選手更可能舉出比前者更重的重量。[25]因為第一名的那個人已成為其他選手的目標，而他也清楚這點，所以正是此一認知，常讓排名第一的選手臨場凸槌。我們可以隨時從系統二轉換到系統一，但也會再次轉換為讓系統二來做決定。

一個簡單測驗

接下來的這一節和引用的證據，只為說明一件事：這是個複雜的世界，為幫助你適應這個世界，大腦試著不斷發展出更精簡的策略，好讓這個世界變簡單一些。我們不妨來試一試「史楚普叫色實驗」(Stroop task)。[26]

1935年在美國田納西州，約翰・萊利・史楚普（John Ridley Stroop）為完成博士論文而設計這個測驗，後來成為很常見的心理測驗。儘管當時有其他人也在研究類似議題，史楚普博士首先發現當顏色和文字混雜在一起時，會干擾人們閱讀並回答測驗的時間。[27]雖然我是用黑白方式呈現這個測驗，但測驗方式是一樣的。

第一題：盡可能迅速說出每一個格的顏色是黑、白或灰色。

第二題：盡可能迅速地說出每一個詞的顏色。

黑色　灰色　白色
灰色　白色　灰色
白色　黑色　灰色
黑色　灰色　白色

大部分的人會花更長時間回答第二題。在第一題中，你大可依賴系統一作答，系統一能讓你自動地依照格子說出顏色。而在第二題中，系統一使你讀出文字，而非顏色，所以系統二得花些時間才能壓制系統一的自動反應。順帶一提，我有個很好的例子，可說明情境脈絡的重要性。如果你在做這個測驗時剛好想上廁所，那麼你唸完第二題的時間就會縮短：因為想上廁所的衝動，多少會抑制系統一的運作。[28]

行為溢出效應

到目前為止，我們已經探討過每一種行為和注意力歷程，也一一檢視行為和注意力歷程對幸福的影響。然而，行為和想法都不是飄浮在真空中的事物，意思是當我們從一種情境脈絡到另一種情境脈絡時，我們的行為和想法往往會發生顯而易見的**溢出效應**（spillover effects）。我們不只要考慮當下的行為和感受，也要考慮此刻的行為和感受，可能對接下來的行為和感受有什麼樣的影響，因為分配有意識關注和潛意識關注，會造成這些溢出效應。

宛若湖面上的漣漪

我之所以會開始研究溢出效應，是因為當時正與英國政府合作設計能改變人們行為的政策。我取得一些相關數據，證實只要超市加大購物推車的前方空間，蔬果類的銷售量也會隨之提升。那位政策專家相當興奮地跟我分享這項發現，而我也很激動地問他，這些銷售量增長是否促進人們的蔬果攝取量。「這是什麼意思呢？」他問我。英國知名脫口秀主持人艾迪．伊薩（Eddie Izzard）曾講過類似的橋段，他冰箱裡的巧克力棒從來沒有放到壞掉過，卻老是沒空吃一顆梨子。那麼，這些增長的蔬果銷售量，可能只意味著更多的食物浪費。

不過，我們就假設至少有一部分的蔬果被吃掉了。我接下來的問題是：「吃了更多蔬果的人變得更健康了嗎？還是讓他們有藉口可以吃更多巧克力棒呢？」要注意的是，我們不會知道這個問題的答案。不過，等你繼續讀下去，就會發現（正如我的發現）至少在英國，這幾年增加的蔬果攝取量可能導致人們體重不減反增，因為人們吃了一顆蘋果後，會（在不知不覺的情況下）鼓勵自己再吃一塊蛋糕。無論是為了展開研究和制訂政策，還是為了做決定，我們在把行為改變的鵝卵石投入池塘時，應該要一併考慮這顆小石頭可能激起的所有漣漪。

促進式、允許式及清除式溢出效應

為蒐集證據來回答這個基本問題，行為科學家馬特奧・蓋里茲和我提出一項概念架構，在這個架構內，我們能有系統地解讀各類型的溢出效應。我們先假設基於某種動機，人們會有意識或潛意識地接連做出兩個行為，且這兩個行為彼此間是有關聯性的，比方說（一開始是為了變得更幸福而）想要減肥。有了動機，第一個行為會導致第二個行為，而第二個行為可能符合第一個行為的方向，也可能背道而馳。為了減肥，你可能會開始運動，而運動可能導致另一個有助減肥的行為，比方說更健康的飲食方式。我們將這樣的狀況稱為**促進式溢出效應**。不妨搭配接下來的表格，會更容易理解。

不過第一個行為也可能引發另一個令體重增加的行為，比方說吃得更多。如果我們在做了一件「好」事之後想稍微犒賞一下自己，就會引發這種效應，我們稱為**允許式溢出效應**。

第三種是**清除式溢出效應**，是指為了恢復第一個行為所帶來的所害，而（有意識或潛意識地）做出的第二個行為。比方說，你下班後沒有運動，所以讓自己吃得健康一點。

最後，還有**反促進式溢出效應**，就好比說你一開始就放棄做運動，於是你心想「管他的」，所以也吃得不健康。

<table>
<tr><th colspan="4">第二個行為</th></tr>
<tr><td rowspan="5">第一個行為</td><td colspan="2">吃得更健康</td><td>吃得不健康</td></tr>
<tr><td rowspan="2">下班後去健身</td><td>1. 促進式溢出效應</td><td>2. 允許式溢出效應</td></tr>
<tr><td>我很努力健身，飲食也更節制。</td><td>我很努力健身，值得吃塊蛋糕犒賞自己。</td></tr>
<tr><td rowspan="2">下班後悠閒地坐在沙發上</td><td>3. 清除式溢出效應</td><td>4. 反促進式溢出效應</td></tr>
<tr><td>我今天懶得運動，晚上最好不要吃太多。</td><td>我今天懶得運動，但管他的，吃塊蛋糕有何不可。</td></tr>
</table>

馬蒂歐和我做了一項對照實驗，試圖找出飲食對運動的影響。我們請倫敦政經學院的學生做登階運動，他們在2分鐘內要持續重複上下一個木箱。學生被隨機分成四組：第一組學生每踏一步可獲得10便士；第二組學生每踏一步可獲

得2便士；第三組會得到研究人員的鼓勵，在登階運動的2分鐘內，研究人員每隔15秒會為學生加油一次；第四組學生是控制組，他們只需在時間內完成登階運動，不會得到任何東西。實驗結果發現，獲得金錢的學生，運動得更勤勞。第一組和第二組學生大約踏了105次；第三組和第四組學生大約踏了90次。每踏一步獲得10便士的學生，和獲得鼓勵的學生對自己的表現更滿意：以滿分10分來說，他們的滿意度比其他組高出1分。另外，四組學生對自己在登階運動消耗的熱量估算都很準確：20至30卡路里。

接著是最精采的部分。在他們運動完後，我們為每一組學生都準備了三明治和點心，並且讓四組分開享用午餐。但他們不知情的是，我們默默地觀察他們吃了哪些食物。更準確地說，在所有學生離開後，馬蒂歐（他穿著一身帥氣西裝）會從垃圾桶翻出那些丟掉的三明治盒、巧克力包裝紙以及薯條袋。平均而言，那些滿意自己剛才運動表現的學生（每踏一步獲得10便士的學生，和獲得鼓勵的學生）攝取了320卡路里；而那些較不滿意的學生（每踏一步獲得2便士的學生和控制組學生）則攝取240卡路里。[29]

因此，我們得出的結論是，如果對「消耗卡路里」的活動表現越滿意，便會更容易想犒賞自己吃一頓「累積卡路里」的午餐。如果你攝取的熱量大於消耗的熱量，那麼靠運動減肥反而會讓體重上升。這也符合許多人的經驗，因為這正是單靠運動，不足以成功減肥的主因。

事實上，單次大量運動反而會造成接下來不運動的時間更長。有學者研究來自三所學校共200名學生，他們讓這些學生戴上測試儀器，以檢視學校安排的各種體育項目，是否會影響學生後續的活動力。實驗結果指出，在校運動量更多的學生，在家時休息的時間會比較長；而在校運動量較少的學生，在家休息的時間較短。[30]另一項比較走路或坐車上學的研究，也得出相似結果。[31]

儘管比起我們的祖先，如今食物充足許多，但為了儲存能量，我們仍舊繼承了這些行為。

道德許可及淨化效應

我們的實驗結果，證實了允許式溢出效應，此概念呼應了心理學所定義的**道德許可效應**（moral licensing）。「道德許可效應」，是指每個人都擁有自己的道德銀行帳戶。當人們的帳戶上有餘額時，就會允許自己用掉一些額度。道德許可效應最早出現在探討歧視行為的相關文獻中。在一項簡易假設的聘雇實驗中，實驗對象會決定錄用一名能力較優的非裔應徵者，以凸顯本身沒有種族歧視，但接著讓他們面對更艱難的招募決策時，他們卻偏向做出帶有偏見的決定。[32]同樣地，在2008年美國總統大選時，支持歐巴馬而非馬侃（John McCain）的實驗對象，在第二項招募實驗中更有可能做出帶有偏見的決定；以及讓他們選擇捐錢給慈善團體時，他們更願意資助以白人社區為服務對象的慈善團體，而非以黑人社區為服務對象。[33]

反之，當人們的道德銀行帳戶餘額出現赤字時，則需要透過**道德淨化效應**（moral cleaning）來累積額度。這是經過實驗證實的結論。有研究人員設計了一項巧妙實驗，他們請實驗對象仔細回想過去曾做過的道德或不道德行為，並描述當時的感受。接著，請他們依照個人偏好對各種產品排出優先順序，包括中性產品（如果汁、巧克力棒）和清潔用品（如浴皂、滅菌劑）。那些回想自己曾做過不道德行為的人，更有可能將清潔用品排入優先順序。[34]做了不好的事情的回憶，會促使人們產生想要淨化自己的念頭——而且，這也是潛意識的行為。

注意力如流沙

前面討論的內容，說明了我們的行為具有時間性質，而且由行為帶來的幸福，也同樣具備這種性質。生活上有許多變化的影響也具有動態性質。接下來，我們將從注意力的重要性出發，討論該怎麼做，才能應對生活上種種變化所帶來的影響。

有捨，有得

我從幸福研究文獻中學到很重要的一點是，諸多生活變化的影響會瞬即消逝。我們不斷地**適應**——不停地習慣這些變化。「適應」指的是，隨著生活變化對幸福的影響力慢慢減弱，我們也會逐漸抽回對這些變化的注意力。[35]新出現的刺激會吸引你的注意力，但當習慣了之後，就不再那麼在意了。於是乎，你的注意力將重新被釋放，它會想要去找尋新的刺激。這就好像前一位國王馬上就要被新國王取代了。前國王已是歷史塵埃，新國王萬萬歲。

許多事情是無法預測的，對幸福的影響也很難釐清一二，因為我們不可能在事前規畫或衡量某件事對幸福的影響。不過有時候我們很幸運，有些現成數據可供使用。911恐攻事件是近期最典型的例子之一，我們無法事前預測這類事件何時會發生，但巧合的是，英國也在這一個月分進行大規模的縱向研究，研究人員訪問許多英國國民，這項調查結果也已經在本書第二章介紹過。研究人員每年會訪問大約1萬名民眾對生活的滿意度（可惜沒有2001年的數據），以及運用標準化的評估方法來衡量他們的心理健康程度。有些受訪者是在911恐攻事件發生前接受調查，有些受訪者則在事件之後，所以我們得以比較該事件在不同時間點對受訪者的心理健康之影響，進而觀察911事件對英國人心理健康的負面影響，是否會隨時間而漸漸減緩。[36]

調查結果公布，恐攻事件在2001年9月對受訪者的心理健康有顯著影響，但在接下來的兩個月裡影響逐漸減弱，直到同年12月就消失了。事件一開始會極其引人注意，不過隨著時間過去，這股吸引力漸漸消散。但要注意的是，我們在蒐集這些證據時，並不是直接問受訪者對911事件影響的想法，因為要是這麼做，將會得到截然不同的結果：直接詢問人們對恐攻事件的看法，會促使受訪者認為這件事極為重要，這會形成所謂的**聚焦效應**（focusing effect）——意指當某件事物被關注了，該事物的重要性就會提高。[37]為避免產生「聚焦效應」，就得先詢問對方有多快樂，接著再詢問他們對其他相關事物之感受（以這項調查為例，我們會詢問他們在受訪時的心情）。我會用下一章，更仔細地說明聚焦效應對幸福感和行為的影響。

值得慶幸的是，大部分的生活變化，不會如恐怖攻擊這般嚇人。經濟學家大衛·布雷弗德和我一起分析現有的生活滿意度調查數據，以了解「體重增加」對人們的影響。體重增加會讓人們變得不快樂，對嗎？不，結果是**不會**。生活滿意度幾乎不會受到體重增加的影響。我們的假設是，當人們體重增加時，選擇做以下其中一件事，可維持快樂感：要不努力減肥，或努力淡化體重增加對自身的影響。我們的分析結果，證實了做第二件事是有效的。我們發現，人們在體重增加前會注意與體重有關的事物（比方說健康）；但隨著體重增加，他們會轉而關心與體重較無關的事物（比方說工作）。[38]

這種注意力的轉移，恰好可解釋我們觀察到的行為，以及為何許多人的體重都是只增不減。這或許是因為與其費力減重，努力降低自身對健康和體重的看重程度，反而更容易辦到。

有證據指出，肥胖會對生活滿意度產生輕微卻顯著的影響，可是其影響程度又比不上其他生活上的問題。雖然目前缺乏最佳的數據分析方法，但根據英國生活滿意度的評分結果，我們可暫時歸納出「身體質量指數」（BMI值）至少得達30（BMI值30以上屬肥胖，所以這個數值已經算相當高），肥胖對生活滿意度的負面影響才會相當於婚姻關係破裂。[39]就長期而言，肥胖會導致其他後果（如糖尿病），進而對幸福感產生極大影響，然而情感的破裂則會立刻產生負面影響，這也解釋了為什麼人們更在意自己與他人的關係，勝過關心飲食方式。當然，肥胖非一日造成，我們也是經過一個逐漸適應的過程，才讓體重日漸上升的。

現在也有一些遺傳學證據指出，體重增加不一定會令人不開心。例如FTO基因（fat mass and obesity-associated gene）是一種容易導致肥胖的基因，但同時擁有該基因會降低罹患重鬱症的風險。[40]體重增加的影響也可能與文化規範及社經因素有關，[41]在一些國家如俄羅斯，變胖反而能促進生活滿意度，因為這意味著生活富裕；可是在美國，身分地位高的人是受體重過重影響最深的一群人，可能是因為這些高位人士本身就對肥胖抱持負面觀感。[42]

每個人對同一件事的第一反應也許不同，但察覺並中和一件挑戰對幸福感的影響，是我們與生俱來的能力，也就是我們的**心理免疫系統**（psychological immune system）。[43]正如我們洗澡時，身體能逐漸適應熱水的溫度，你的心態也能調整成能夠應付變化：**當面對變化時，你的心理反應相當於因應溫度變化的生理反應**。心理免疫系統與生理免疫系統的運作方式有點像，當我們面對威脅時，如附近有人咳嗽或打噴嚏，我們的心理免疫系統就會開始運作。[44]這點更彰顯出人們的適應過程都是自發的，而且本身不會意識到。在我們還沒來得及思考是不是真的想要改變時，就已經在不知不覺中習慣了。

這個領域有一項很有趣的研究，研究人員請學生試想如果他們求職失敗了，心情會有多惡劣：以滿分10分為標準，學生所給予的平均分數，比當下心情的分數低了2分。但實際上，求職失敗只會讓心情分數下降0.4分，與預想情況形成強烈對比。而且，這種影響會隨時間淡化：收到拒絕通知10分鐘後，他們的幸福程度已與平時無異。順帶一提，學生不會真的拿到這份工作，那只是心理學家為了增加實驗趣味，所以常找學生來做研究。

如果你的愛人甩了你，不妨給自己幾個月時間，當你回顧過去，反而會發現對方其實也不適合你，而且到時候你很可能已經遇到讓你更幸福的人了，舊情人根本沒什麼了不起的。這不是說分手的痛苦不值一提，而是這種痛苦不會持續太久，所以不如從中找到安慰。事實上，釐清這段關係和分手的原因也能讓你找到安慰，進而使你迎接更重要、更美好的事物。你其實可以藉由理解生活中發生的大小事，好讓自己能繼續走下去。正如我的一位（單身）同事說的，寧願曾愛過、失去過，好過花一輩子時間跟一個心理變態交往。無法置你於死地的傷痛，會讓你更強大——也會讓你更幸福。

從另一方面而言，我們的心理免疫系統似乎也會中和許多好事的影響，所以對大部分的人來說，很多事情如加薪、結婚、新工作都對幸福會有正面影響，可是這股影響力卻持續不了太久。[45]各位會在本書第二部看到，持續幸福的關鍵在於注意力能量的分配及重分配：**我們要找到方法來延長愉悅和目標感，同時趁早防範痛苦和空虛感。**

難以排解的痛苦

我們適應某些改變的速度會快一些，例如比起結婚，我們能更快地適應加薪這件事。此外，有些刺激對幸福的影響無法隨時間減輕。正如前面提到的，失業會對幸福感造成難以平復的影響（可是事實上，不快樂的人會比快樂的人更容易丟了工作）。這個結論並不意外，不是嗎？每當我們認識新朋友時，最常被問到的問題之一就是：「你是做什麼的？」

為了強調注意力的重要性，我們要以容易吸引注意力的事件：失業為調查主軸，來比較失業對生活滿意度的影響。我們調查了一群失業者，並依照他們對失業的看法分成兩組，一組是將失業視為重大人生事件的失業者；另一組則不會這麼認為。無論失業是否被歸類為重大人生事件，失業都會帶來極大痛苦。然而比起未將失業視為重大人生事件的失業者，把失業視為重大人生事件的人，他們在前一年經歷的痛苦程度，比前者強烈一倍。[46]

你也可能對某些變化變得越來越**敏感**。這意思是，你會隨著時間對一些刺激的注意力不減反增。令人遺憾的是，這些變化通常是不好的事情，比方說噪音，尤其當我們面對突如其來的噪音時。證據顯示我們通常無法忽視交通噪音，是因為行駛中的車子無法保持固定距離。[47]另一個令人沮喪的證據是，同樣住在都市裡的孩子，那些住在吵雜、低樓層的孩子得到的朗讀分數，會低於住在安靜、高樓層的孩子，因為樓層越高，交通噪音越少。[48]在加入父母的教育程度比較之後，也發現相同結果。研究人員也發現不同樓層的房價差不多，進而排除了住在低樓層的孩子家境較貧窮的假設。

失去嗅覺，在某些情況下會帶來好處，但也會帶來一種難以抹滅的壞處：連帶失去味覺。這可能導致飲食欠佳，從而傷害生理免疫系統。[49]失去嗅覺幾乎是難以適應的變化，但我猜想很多人以為自己能很快適應這種變化。對於什麼事能吸引我們的注意力、能持續多久，我們常常帶著錯誤的理解，我也會在下一章談到這些問題。

消除不確定性

有一種適應模式叫「A-R-E-A模式」。一開始，生活事件會吸引你的「注意力」（attention），促使你做出「反應」（react）；倘若你能夠「解釋」（explain）那件事，你便會收回注意力並「適應」（adapt）它。[50]這個過程大多是自動發生的，且無須有意識地介入。隨著刺激的影響逐漸消退，我們大部分的時候都能解釋並適應變化。比方說，加薪是很容易解釋的事——你工作賣力且效忠公司，不是嗎？所以你很快就不再關注這項改變了。事實上，既然你這麼努力工作，或許加薪的幅度應該更大，對吧？

如果你缺乏至關重要的解釋，那麼有時候就會持續對這項刺激做出反應。正如我前面提到腳痛是因為運動時受了傷的例子，如果你知道身體疼痛的原因，那麼就會收回對腳痛的注意力，並適應這個變化；然而，倘若無法解釋疼痛的原因，那件事就會持續吸引你的注意力。就像我在序章中提到，我們很難解釋為何人會結巴，所以結巴除了會受演講場合的影響外，結巴本身也會持續地吸引注意力。

消除周遭處境的不確定性，有助我們解釋接下來的結果。這話說起來倒容易，但事實絕非如此簡單：有數據顯示，癌症病友在症狀緩解期時，對生活的滿意度較低。[51]我對這項結論的解讀是，死亡的「確定性」促使病人開始安排後事，然而症狀緩解期卻增加他們面對死亡的不確定性。

基因檢測相關研究，也得出類似結論。「亨丁頓舞蹈症」（Huntington’s disease）是一種遺傳性疾病，會影響肌肉協調功能，還會使罹患精神疾病和早死的機率增加。有研究比較調查對象一年內的心理狀態，發現被告知患病風險「降低」的人，比被告知患病風險不變的人的心理狀態更健康。[52]可是，那些被告知患病風險「增加」的人，心理狀態也比患病風險不變的人更健康。這是因為患病風險不變的那組人依然要面對不確定性；反觀其他兩組人，他們皆因不確定性減少而從中受惠，即便有一組的患病風險增加了。

我舉這些例子是為了說明，**儘管人生會發生不好的事，但只要消除壞事的不確定性，你依然可以活得幸福**。假想情況會如何發展，只會帶來壓力和緊張，與其費心煩惱可能發生或不可能發生的事，不如把注意力投入在謀畫更美好的未來。這解釋了為什麼人們在即將離婚前，生活滿意度會大幅下滑，而在離婚後會立刻反彈。[53]離婚即是一種結束，從此雙方不再煩惱著要不要和好，所以不確定性也消失了——兩人間的財務問題也解決了。消除不確定性讓我們能夠解釋變化，於是這件事對幸福製程的影響，也會逐漸消散。

不過，你可以用這個方式處理痛苦，卻不一定可用同樣方式面對愉悅。也許你有一瓶珍藏好幾年的美酒；也許你預留更多時間規畫假期，是為了充分享受引頸翹首和發生當下的美好感受。[54]如果你能得到最喜歡的電影明星的吻，你會寧可多等幾天，而不是立刻得到。[55]又或者你是一位足球迷，你會更想欣賞一場不確定輸贏的比賽[56]。這都是因為，我們會從不確定性獲得愉悅。

改變自己的目標

不幸的是，我們還不曉得變化會如何影響人們對目標的感受，所以接下來我打算用自己的親身體驗為例：我的重訓經驗。十三年前，我第一次上健身房，體重145磅（約66公斤），腰圍29吋。現在我的體重是215磅（約97公斤），腰圍32吋。從我第一次舉起啞鈴，健身從此帶給我愉悅感受。後來，健身成為了我的目標，因為我開始重視飲食和運動。隨著我變換鍛鍊項目及嘗試調整飲食中碳水化合物、脂肪及蛋白質的占比，我發現觀察體態和力氣的變化，是件很有趣的事，特別是我是個天生吃不胖的瘦子，所以體重增加讓我感到驕傲。你可能也有類似經驗，比方說閱讀或種花草，做這些事能讓你越來越感到愉悅和有目標。

大部分的活動和計畫，只要堅持下去，最終都會充滿愉悅和意義——無論當初是為了某個目標或樂趣而驅使自己開始這麼做，還是這兩者的比重會不斷隨時間此消彼長。儘管在某些時刻，愉悅和目標之間會有所取捨，可是隨著時間經過，兩者通常會同時增長。用經濟學的語言來說，雖然愉悅和目標有時可互相取代，但長期而言，兩者是彼此的互補。所以，即使我是為了愉悅才開始重訓，但後來目標漸漸出現（這兩者可隨時取代對方），而現在重訓帶給我愉悅，也成為我的目標（久而久之，兩者成為彼此的互補）。

當你適應了做某件事的目標，可能會感到無聊和空虛，所以很可能會停止做那件事。一般而言，加入更多的目標可能會讓你「適應得慢一些」，因為許多事會因為你的堅持不懈，而產生越來越多的目標。情境脈絡雖然重要，而有時卻並非如此。重要的是，愉悅和目標是關乎獲得幸福的兩個獨立卻又相互交織的成分。

關心所在，幸福自來

注意力，使我們的生活得以串接在一起。注意力能將刺激與挑戰轉化為幸福，也會驅使我們做出某些行為。我們經常沒察覺到注意力會影響自己的幸福感和行為，正如大部分的人不了解店內背景音樂會影響他們買下哪一國的紅酒。然而，注意力不但是珍貴且稀少的資源，還會影響我們的行為和感受。這也說明了為什麼我們可以適應自己變胖，卻無法適應噪音和說話結巴。同時，注意力也解釋了為什麼我們無法獲得應得的幸福。

第四章

為何我們總覺得不夠幸福？

我們已經知道大腦會試著幫助我們面對這複雜的世界。但大腦中的系統一簡化了許多事，於是有時在面臨與促進幸福有關的決定時，會使我們做出不那麼明智的決定。

對我而言，了解大腦會令人們犯下什麼錯，是非常有趣的事。為吸引配偶及生存，我們不斷地進化；但在很多方面，人類也往錯誤方向進化——特別是當社會發展地如此迅速，我們幾乎難以察覺那些錯誤。比起樹居時代的世界，現代世界更加複雜，了不起的是我們還活得挺好的，但也正因如此，我們會胡亂地分配注意力。人們有意或無意犯下的錯誤，都是因為沒把注意力分配好，進而無法獲得應得的幸福。

當我們將注意力放在認為會讓自己以後更幸福的事情上時，表示我們正在勾勒這個幸福製程的模樣：你想常用多少時間、用什麼方式，將注意力放在哪裡。如果我們想要找出方法讓自己更幸福，就得先了解注意力會遇到哪些障礙。我認為有三種注意力的障礙：**錯誤的欲求**、**錯誤的投射**以及**錯誤的信念**。

錯誤的欲求

從表面上看，我們都應該渴望那些能讓自己變得幸福的事物。為徹底確保我們的欲望能夠帶來最大程度的幸福，研究人員邀請將近3000人，從兩種假設情況中，選出一種能讓他們感到最幸福的情況。研究對象的背景都不同，包括科羅拉多州丹佛市某間醫院候診室裡的病人、接受電話訪問的一般民眾以及紐約康乃爾大學的在校生等。分析結果顯示，有83%的時候，他們的選擇能帶來幸福；而17%的時候，他們沒選擇能帶來更多幸福的情況。舉例來說，有些人表示他們寧願選擇睡眠時間少一點但薪水更優渥的工作，但其實他們也曾經表示更多的睡眠比薪水優渥的工作，更能帶來幸福。[1]

也許你會說這不過表示我們不會一直把幸福感擺在第一位，不過我認為那17%的選擇，都是以長遠的角度為出發點（意思是，雖然薪水優渥的工作在短期內會讓人覺得痛苦不堪，但長期攢下的錢也會更加可觀）。而且，進一步分析會發現，可預料的目標感，是驅使人們做出決定的重要因素，所以那份研究會得出這樣的結論，可能是因為當初在定義幸福感的概念時，研究人員沒有將「目標」納入考量。[2]

儘管如此，許多學者相信人們需要追求特定目標（比方說追求成就），才能使自己獲得幸福；也有學者認為有些目標（比方說追求本真），是比幸福更崇高的欲望。可是我覺得這些都是錯誤的欲求，原因包括接下來的幾點。

成就

我們都希望有所成就，有些人也說成就能帶來幸福。毋庸置疑的是，達成目標是件令人開心的事，從而讓人自我感覺良好：在打電玩遊戲時，為了破關的目標會刺激大腦分泌多巴胺，而多巴胺正是一種能製造愉悅感的神經傳遞物質。[3]但當目標實現了，愉悅感也會瞬間消逝，所以追求成就，應該是一種會帶來愉悅感或目標感的過程。

的確，追求成就的欲望會帶來日後的幸福——不過這種幸福，只屬於真正實現目標的人。有研究探討人們在學生時期許下的目標，並比較那些欲望與二十年左右以後的成就。那些在學生時期便立志要賺大錢的人在經過二十年後，自身的財富情況強烈地影響著他們的感受。倘若他們如願賺了很多錢，他們就會感到滿足，可是很多人並沒有實現這個目標，所以對生活都不甚滿意。這個研究要傳達的訊息是，如果過於重視金錢，那麼你最好能賺很多；要是你沒辦法做到，追求金錢的欲望勢必會使你心生不滿。[4]

我想分享一個關於漁夫和商人的故事。這個故事，完美地詮釋努力不懈追求成就而導致的悖論。

在巴西某個小漁村，有一個商人正坐在海邊。他看到遠處一位漁夫正努力划著小船準備上岸。商人看到漁夫捕了不少大魚，便羨慕地問漁夫：「這麼多魚，花了你多久時間呢？」漁夫回答：「噢，就一下子吧。」商人聽了吃驚地接著問：「那你怎麼不花多一點時間，捕更多魚呢？」漁夫回答：「這些就已經夠我全家吃了。」商人又問：「那接下來，你要做什麼呢？」漁夫說：「我都很早起床，早上先出海捕魚，然後回家陪孩子。下午跟太太一起睡個午覺後，晚上我都會跟村子裡的好兄弟們喝酒，然後我們一起彈吉他、唱歌、跳舞，直到深夜。」

於是，商人向漁夫建議：「我是企管博士，我可以幫你的事業更上一層樓。從現在起，你出海的時間要拉長，盡量多捕一點魚。等你存夠了錢，你就能買更大的船，捕更多的魚。過不了多久，你就能買更多船，接著成立自己的公司和蓋廠房，來製造魚罐頭和建立銷售網路。到那時，你就可以從這個小漁村搬去聖保羅住，在那裡建立總部，來管理其他分公司。」

> 漁夫接著問：「然後呢？」商人笑著說：「接下來，你就可以過著皇帝般的生活了。有機會的話，你的公司還可以上市，把公司的股票撒到股海裡，那時你就賺不完了。」漁夫又問：「然後呢？」商人說：「你就可以退休了。你可以搬到漁村住，早起捕魚，然後回家陪孩子玩。下午可以跟妻子一起睡個午覺，晚上只管找好兄弟們一起喝酒、彈吉他、唱歌、跳舞，直到深夜！」漁夫疑惑地問：「那豈不是我現在的生活嗎？」[5]

漁夫現在已經擁有很多自己想要的東西了。事實上，這個故事的結局也許會更糟糕，漁夫在追求事業更上一層樓的期間，說不定也會失去好朋友，而他也可能會開始懷疑自己。缺乏認同感也會導致問題，所以有許多拿獎學金的弱勢族群學生的幸福程度，比不上那些來自富裕家庭卻和他們成績一樣好的同儕。[6]我來自低層勞工家庭，在我努力成為中高階人士時，也曾遇過同樣的認同感問題。一方面不屬於這兩種族群的念頭，讓我挺自得其樂的；但同時我也感到鬱悶，因為我不知道自己該歸屬於何處。

要特別留意的是，對成就的欲望可能只會幫助我們實現狹隘目標，但代價是達不到更重要的目標——也就是幸福。渴望事業有成固然很好，但不能為此犧牲掉健康和人際關係。我們有時會偏執地認定，實現某個目標是最重要的事，於是有些人會做出極端的犧牲行為——比方說許多登山好手渴望征服珠穆朗瑪峰，反而導致不少人為登頂而喪命。他們為了實現目標，付出失去幸福的代價。[7]

客觀認定的成就，有時會使主觀感受更差。如果我問你，贏得銀牌還是銅牌，哪一種情況會讓你覺得更快樂？如果你是1992年在巴塞隆納參加夏季奧運會的選手，那麼贏得銅牌可能會讓你覺得更快樂。有研究人員觀察奧運選手的即刻反應，並以1至10分來記錄選手的心情：1分代表極為痛苦，10分代表欣喜若狂。觀察結果顯示，銅牌選手比銀牌選手更加快樂。銀牌選手的表情特別灰暗，因為他們與金牌擦身而過；反觀銅牌選手因為能站上頒獎台而感到高興。[8]當然，銅牌選手是否能一直比銀牌選手高興，是另一個值得討論的問題。可惜的是，我們沒能找到那場比賽結束幾個月後的數據，因此也就無法進一步探討。

大衛・布雷弗德曾用一則故事告訴我，拿到第二名，有時會讓人難過一陣子——儘管身邊的人都認為拿到第二名已算是非常成功，但當事人可能還是會感到悲涼。在1990年代，當時大衛有一個親戚在美式足球聯盟（NFL）水牛城比爾隊效力八年了。放眼整個聯盟，他是打該位置表現最亮眼的球員之一，帶領球隊連續四年闖進超級盃大賽。他在比爾隊時，適逢球隊的巔峰時期——以他們的隊史來說，確實如此。他們好幾年都打進季後賽，蟬聯四年分區冠軍並取得超級盃門票，但卻沒贏過一場超級盃比賽（比爾隊曾二度錯過射門機會，離對方端線只剩不到幾碼）。大衛的親戚擁有四枚聯盟分區冠軍戒指，相當於聯盟的銀牌，可是他卻很討厭看到那些戒指，因為那無疑是在提醒他球隊輸掉超級盃，而非球隊成績斐然，曾經擊敗許多支球隊。他把那些戒指束之高閣，不管別人怎麼拜託，他都不曾拿出來過。很有趣的一點是，從注意力的角度而言，當他沒被逼著關注超級盃時，在談到自己在聯盟的球員生涯時期，依然充滿熱忱。由此可知，不管成就如何，都要想辦法去關注正面的成就。

的確，實現目標（戒菸、戒酒、戒巧克力，或減少看色情片、減少使用Facebook）在短時間內確實很辛苦，也會讓人好一陣子覺得比較不快樂。我們會堅持不懈，是因為認為這麼做有望將來能夠更幸福。也許有時收穫與痛苦不成正比，但我們從一開始便會抱持對幸福的期望。如果知道上山肯定會遇到老虎，我們還決定往那裡去的話，豈不是自己找罪受？所以，我們必須先了解自己要付出哪些代價，以及實現目標能帶來哪些好處。要記住的是，將來的幸福無法彌補今日的痛苦；失去的幸福再也無法重來。因此，你要深信不疑的是，今天犧牲的幸福，都是為了實現目標，而且這些代價在將來都是值得的。

我們還需更多研究和證據，證明人生的抉擇和經歷，會帶來不同的代價和收穫。我們已經知道如果人們滿意工作上的某些事，如老闆、薪水和職務內容，他們就會越來越幸福。這項結論凸顯了一個重點，那就是對人們來說，**一份工作適合與否，比工作類型還重要。**[9]這也許能解釋另一項英國研究的結論，他們發現最幸福的員工是花藝工作者；最不幸福的員工是銀行業者（這份調查的數據請參考接下來的表格）。[10]當然，有可能花藝工作者在開始這份職業以前，就已經比銀行行員更幸福了。我們得蒐集同一群人更長時間的幸福數據，才能釐清工作是否會影響他們的幸福程度。

就算我沒有足夠證據，也可以肯定做研究工作會比在銀行工作更讓我感到幸福，雖然賺的錢比不上銀行行員。我想，如果我從事營造工程，應該也會比當銀行行員更幸福，但我的客人可能會不開心：因為我沒有營造工程的專業技術。我甚至敢打賭，若我的孩子從事營造業，也會比當銀行行員更幸福，因為營造人員可親眼看見辛苦耕耘的果實。因此，也許我不善手作的特質可能會遺傳給他們，可是我寧願他們將來成為營造工程人員，而不是銀行行員。

無論如何，我一定會提醒孩子我有多幸運：我的工作帶來一些愉悅感和更多目標，薪水也挺高的，且不需要雙手沾泥，也不需冒生命危險。我還會跟他們強調，無論將來的成就如何，能過得幸福才是人生中最偉大的成就。

職業	幸福人數比例
花藝、園藝工作者	87%
美髮師、美容師	79%
水電工	76%
行銷及公關人員	75%
科學家、研究人員	69%
休閒旅遊類人員	67%
營造工程人員	66%
醫生、牙醫師	65%
律師	64%
護士	62%
建築師	62%
幼兒及青少年照護人員	60%
老師	59%
會計師	58%
汽車工人及技師	57%
電機技師	55%
餐飲業人員	55%
人資相關從業人員	54%
資訊科技及電信人員	48%
銀行員	44%

我認為不管父母對孩子有什麼期望，這是所有家長的心聲。在英國布萊頓，我遇過許多中產階級的父母，他們看似特別在意孩子在學校的表現。他們的行為背後有諸多原因，不過我很肯定的是，父母會如此在意孩子在短期內的成就，主要是因為他們將學校成績，視為通往幸福之路的途徑。他們認為只要孩子成績優異，就能進好大學，進而找到高收入的工作，然後將來這一切都會讓孩子獲得幸福。不過他們對孩子成就的欲望可能是錯的，而且如果父母明知道要求孩子做到某件事肯定會讓他們不快樂，卻還是要求他們得做到，這種教育方式其實等同是一種虐待。

本真

也許你還是認為追求某些欲望雖然會讓你感到不快樂，但卻情有可原。你可能擁有一些不單只是基於個人幸福（或者，更是為了你所關心對象的幸福）的「高階」欲望，比方說追求道德、自由、真理、知識、美學、美麗，或動物保育等。請容我說得婉轉些，這些都是永遠無法實現的欲望，所以渴望從實現這些目標以獲得更美好的愉悅或目標感，未免有些不合常理。

不妨以哲學家喜歡的例子來解釋：假設你的另一半背著你偷吃。我們就簡單假設沒有人知道這件事。即便知道這件事會讓你痛苦不已，但你還是想知道這件事，對吧？你當然想知道這件事，所以我們要論證的問題是，真相一定比「虛偽的幸福」更重要嗎？你也許會認為，唯有發現真相，你才能變得更快樂。因此，重要的不是真相本身，而是發現真實能帶給你幸福。

接下來可能是一段關於幸福最有名的評論了，出自 1970 年代非常活躍的哲學家羅伯特・諾齊克（Robert Nozick）。他提出「經驗機器」（experience machine）概念，並請我們想像自身接著一台經驗機器。大腦中的每一個神經傳遞物質都連接一個模擬系統，模擬最幸福的人生模樣：從事一份完美工作，擁有優秀的孩子、令人稱羨的另一半，你不必費吹灰之力就能得到這一切。如果讓你選擇，你會選擇哪種人生：胼手胝足的「真實生活」，還是經驗機器替你創造出看似幸福的「虛偽生活」？諾齊克證實，大部分的人會選擇真實生活。[11] 這道理跟另一半偷吃一樣，我們嚮往真實生活，是因為本真，比偽裝的良好感受，更具意義。

不過除了幾位知名學者如羅傑・克瑞斯普（Roger Crisp），我認為大部分哲學家太輕易給出這項結論。在剛才提到的兩個例子裡，我們知道相反的選擇會是什麼樣的情況。如果你事先已經知道另一半外遇，就不可能去假裝自己不知道這件事。對於已經知道的事，我們無法假裝自己不知道。所以當你接受想像實驗時，這個實驗也已經露出馬腳了。如果我已經知道自己連接著一台經驗機器，那麼我也可能因此選擇過真實的生活，而非經驗機器模擬出來的人生。可是，如果能執行真正的想像實驗，現在你的人生就是一台巨大的經驗經器──而你本人是不知道的。既然我們不知道，那我們理所當然要過著最幸福的人生。

我認為，許多從想像實驗歸納而來的結論，都經不起仔細查驗。當哲學家試圖要實驗對象將注意力放在某一件事上，好比說事情的真相，他們當然會認為了解真相是非常重要的。而且那些實驗的進行方式非常矯揉造作──該如何想像自己已經知道另一半外遇，卻要假裝自己不知道的情況會是怎樣？還是，想像自己正連接著一台經驗機器，並思考自己該選擇虛偽的完美人生，抑或做個「真實」的人？

我曾進行過一項實驗，調查問題是：是否願意吃一顆藥丸，提升自己的幸福感，結果只有四分之一的參加者願意這麼做；四分之三的參加者拒絕透過任何「非自然」方式或「特效藥」來促進幸福。[12] 參加者的反應很有意思，特別是當藥物被廣泛地使用在治療憂鬱症，且病人也願意接受藥物治療。**比起用藥物以促進幸福，人們可能更願意吃藥以減輕痛苦**。基於那份研究發現人們更重視愉悅和目標，羅伯．梅特卡夫和我展開另一項調查，我們想了解人們認為政府制定的政策應該要以促進人民福祉，還是以減輕人民痛苦為目的。結果發現，較多人選擇後者，此調查結果對大眾媒體和政治圈在探討幸福（及抑鬱和痛苦等）議題所使用的方式，有重要的影響。[13] **政府雖然希望從有助促進福祉的角度來制定政策，但可能反而要藉由有助減輕人民痛苦的政策，來達成此目的。**

滿足欲望，就能獲得幸福嗎？

許多經濟學家和哲學家一致認為，人生真正重要的事，是得到更多自己想要的東西，所以經濟學家才會花那麼多精力，去探討與收入有關的議題，並提出在其他條件不變的情況下，更多金錢表示你可以買到的東西更多。收入本身不會讓你更快樂，但收入使人擁有更多選擇，有更多欲望得以實現。[14] 更多收入表示你可以買更多東西或減少工作量，也可以兩者都要。

然而除非你能想像擁有更多東西或更多休閒時光會讓自己更幸福，否則你又怎麼會渴望它們？如果某樣東西對你或你關心的人（有時也包括陌生人）來說一點也不重要，我不認為那東西會有任何價值。

我可以再舉一個例子說明（也藉此機會向各位坦白）。我喜歡閱讀，特別是學術論文和非小說類書籍，可是多年來大家都建議我不妨讀一些小說。我幾乎沒讀過小說，除了以前學生時代讀過諾貝爾文學獎得主約翰．史坦貝克（John Steinbeck）的作品《人鼠之間》（*Of Mice and Men*）。假設我聽從大家的意見，試著培養讀小說的興趣，於是花許多時間閱讀一本又一本，且後來我成功地養成興趣。這足以讓許多經濟學家和哲學家說我比過去更快樂，尤其是因為他們認為讀小說可能是一項值得培養的興趣。

可要是我沒有因為讀小說而變得更快樂呢？培養新的興趣這件事本身並不重要。當新的興趣（好比說開始培養讀小說的喜好）能令我或我所關心之人比從前更快樂，養成這項新的興趣才會令我感到幸福。除非某件事能影響幸福感，否則我不認為工作、伴侶、房子還是《人鼠之間》對我而言很重要。除了幸福以外的一切事物，都需要一些理由來證明其重要性，也就是說，**幸福對你我來說，都是至關重要的。**[15]

顯然，其他事物也很重要，比方說成就及本真，可是它們的重要性只來自其本身的**工具性價值**（instrumental value），意思是只有當其他事物能創造更多幸福感的前提下，它們才具有重要性。因此，雖然它們往往能促進幸福感，但我們絕不能被它們所奴役。如果我已經確定實話實說只會帶給自己和他人痛苦，而我依然要這麼做，那我就是在虐待自己和他人。也許你也知道有一些人是「病態性說謊者」（pathological liar），而在只會帶來痛苦的情況下仍堅持說實話就像是「病態性坦白」（pathological honest）。我們需以行為是否能帶來幸福，評斷該行為是否有意義，而非依據普遍大眾所認同的標準。

一旦我們認識到只有在（當自己和他人）感受到幸福

時，才終能斷定是否做了正確的行為，我們才能停止以錯誤的是非觀念做出道德判斷。取而代之的是，我們可以親身感受到的愉悅和目標，去衡量自己和他人所做的事（包括制定政策）是否能創造幸福，從而引導我們去思考應該做些什麼，讓社會變得更美好。[16]

於是，感受到愉悅和目標才是至關重要的。「享樂主義」的主張是：愉悅是最重要的事。後來我加入對目標的感受，並將我的學派命名為「感受性享樂主義」。我自己就是個感受性享樂主義者，我也認為所有人在內心深處，都在追求感受性快樂。

如果你還認為關注有助幸福感以外的其他事物並非錯誤欲望，那麼我認為你應該開始重視幸福感，因為**追求幸福，是實現其他目標的最佳途徑**。許多用因果分析法來研究的實驗結果證實，心情較好的人比較長壽、更健康、更容易戰勝病毒、上班較不常請假、事業成就更高、工作效率更好以及擁有更美滿的婚姻。[17]也有研究發現，手足間個性爽朗的孩子會取得更高學歷，更容易被公司錄用並獲得升遷機會。[18]此外，好心情還能為自己帶來好印象，並有助解決衝突。[19]不僅如此，當我們保持好心情時，也會讓我們更具吸引力、學業成績比較好，薪水也比較高。[20]

這些都是關於愉悅的影響，那目標會帶來哪些影響？相關研究不是很多，但其影響力似乎同樣重要。參加有意義、有目的性的活動能促進身體健康、社交及日常生活的順暢。[21]某些有目的性的活動能讓銀髮族的生活更豐富，如打高爾夫和運動。[22]另外，工作一旦少了目標，理所當然會降低生產力及增加曠職機率。[23]在休息時間感到無聊的中學生，輟學機率更高。[24]當伴侶覺得彼此感情降溫時，在九年後對婚姻的滿意度會更低。[25]無論我們怎麼看，幸福感真的太重要了。

錯誤的投射

即便我們已經知道幸福感很重要，還是會誤判某件事將帶來的幸福感是多或少，因為我們將注意力誤放在：（一）變化的影響；（二）兩種選擇之間的差別；（三）當下的感受；或者（四）不具代表性的過往經驗或教訓。

聚焦效應

如果你得到一大筆錢，會有多快樂呢？應該比現在快樂得多，對嗎？事實上，只有當你花很多時間去思考自己擁有一大筆錢會有多快樂時，才會感受到比現在更強烈的幸福感。我們也可從另一個問題切入，如果讓你詢問住在美國中西部或加州的人，這兩個地區中哪一區的人最快樂，他們可能都會說加州人。加州天氣如此宜人，住在加州的人哪有理由不快樂，是吧？沒錯，但唯有當我們將天氣列入考慮時，天氣才會影響幸福感——我們其實並不太常認知到天氣的影響。所以，住在中西部和加州的人其實同樣快樂，但當思考誰更快樂這個問題時，兩組人都太注意天氣的影響。[26]

當你在思考某件事會帶來是好或壞的影響時，這相當於是在問自己那件事有多重要；而因為你把注意力放在那件事情上，所以才會認為它很重要——你看重的程度，將遠遠超過親身體驗到的重要性，因為在現實生活中遇到某件事情時，你的注意力只會稍微停留一下，並不會持續聚焦在那件事上。這種情況，就是**聚焦效應**（focusing effect）。正如幸運籤餅裡的籤詩：「當你正在斟酌某件重要的事情時，任何事都沒你想得那麼要緊。」[27]

接下來，不妨思考兩個跟開車有關的問題（如果沒有車也沒關係）。首先，以1到10分來說，開車帶給你的愉悅感有幾分？第二題同樣以1到10分來說，上次開車時，你的愉悅感有幾分？為評估汽車市場的價值，研究人員詢問密西根大學羅斯商學院的博士生和碩士生這兩個問題，以及一些有關汽車的問題，結果發現第一題的分數，與市場價值有很高的關聯性。表面上看來，第一個問題告訴我們，高價汽車會帶來更強的愉悅感。然而，第二題的分數與市場價值卻完全沒有關聯，這表示高價汽車並不會影響人們最近一次開車的感受，但人們預期自己在駕駛高價車時，會感受到更多愉悅。[28]

我們可用注意力，來解釋市場價值與這兩個問題之間的關聯性，為何會有如此差異。當被問到開車時有多愉悅時，你便會開始思考開車將帶給你多少愉悅感，你會想到車子——接著想像自己開著一輛高級汽車，你覺得自己也會從而獲得更強烈的愉悅感。可是，實際駕車的感受是另一回事。當你在開車時，其實不太會想到車子本身；相反地，你會注意前方駕駛是不是個馬路三寶，或者你正在與另一半邊開車邊爭執一些事，同時想著其他與開車無關的事。

艾倫・威廉斯（Alan Williams）是紐約大學健康經濟學教授，他的教學啟發許多學子。在我的早期學術職涯中，艾倫和我花了很多時間，請人們試想各種健康狀況對生活的影響。這項研究的期間介於1990年代初持續到同年代中期，我們請3000名英國國民想像各種健康狀況，對生活有哪些相對的負面影響，以利政策制定者決定哪些醫療行為，最能有效促進人民福祉。受訪者需想像自己若是健康狀況不佳，比方說行走困難，然後思考自己願意用多少年的壽命來換得健康，這樣的思想實驗稱為「時間交換法」（time-trade-off method）。[29] 越是糟糕的病況，人們願意犧牲的壽命越長。如果要我放棄一半壽命來換取健康，那一定是很嚴重的情況了。我們的調查問題幾乎涵蓋所有病況，才有可能找出人們最在意治療哪些疾病。

在我所有研究計畫中，這份研究的內容被學術界引用的次數最多，其研究成果對英國國民保健署（National Health Service）評估新藥物和療法起了相當重要的影響。[30]我們比較民眾的時間交換價值與各種醫療行為的成本，來評估哪些醫療行為能將金額的效益最大化。[31]英國內政部依據我的研究成果，也用相同方式評估刑事犯罪對受害人的影響。[32]

雖然這項研究讓我的學術職涯更上一層樓，可是我卻希望這份研究沒能影響當時的政策，因為我現在才知道讓人們想像未來的情況，會導致多麼嚴重的預測錯誤。後來我與丹尼爾．康納曼在普林斯頓大學所做的研究，幫助我釐清這些擔憂。[33]基本上，我們無從得知不同情況對生活的影響，因為在生活中，我們會不停變換對所有事物的注意力。美國人願意以大約15％的平均壽命為代價，換取免於行走困難的疾病，也願意以同樣代價換取免於罹患中度焦慮症或憂鬱症。[34]然而根據我最新的研究發現，中度焦慮症及憂鬱症對幸福感的影響，比行走困難強烈十倍有餘。[35]

即便我們把調查對象改為那些擁有具體健康問題的人，預測錯誤的程度也沒有好轉。請有行走問題的人想像，自己願意犧牲幾年壽命來交換一個健康的身體，這種假設性思考必然使他們聚集注意力，想像自己可自由行走，進而使他們視壽命為理所當然的代價。[36]

在評鑑健康及其他方面的政策干預之影響時，我認為更好的做法，是考慮相關人士受事件影響的幸福感，再適當地解釋適應影響或受影響導致敏感化的過程。已經有研究證實，幸福感對生活而言相當重要：最近行為科學家喬治・卡維楚斯、衛生經濟學家土屋明（Aki Tsuchiya）和我在健康狀態調查中加入「生活滿意度」這個變項，從而證實生活滿意度較高者，即便健康狀況較差，也想活得更長久。[37]

經濟學之父亞當・史密斯認為「聚焦效應」無所不在，他表示：「人生的不幸和混亂，其大部分的原因似乎在於高估兩種無法改變的情況之間的差異。」[38]我們之所以認為某件事會強烈地影響幸福，是因為**注意力正好在那件事上**。

羅伯・梅特卡夫和我還發現，先前訪問受訪者的問題，會影響他們接下來受訪時的注意力。[39]2008年歐洲冠軍聯賽的決賽隊伍，剛好是兩支英國足球俱樂部勁旅：曼徹斯特聯隊足球俱樂部和切爾西足球俱樂部，於是我們便利用這場賽事來做實驗。兩隊球迷在觀賞稍早的分組賽事時，比賽結果都會影響他們的心情，所以他們在賽前預測自己受這場比賽結果的影響會更大。不過我們也發現，在賽前接受調查的切爾西隊（後來輸掉這場決賽）球迷，當比賽結果公布後，他們會比只在賽後接受調查的球迷更加不快樂。於是，我們在決賽結束後再做一次調查，那些在賽前接受調查的球迷會回想起輸掉比賽這件事；而只在賽後接受調查的球迷則不受影響——而且兩天後，輸球結果已對他們沒有任何影響（那場決賽直到互射十二碼才分出勝負，而互射的比數依舊不影響那些球迷的心情）。

當我們沒把注意力放在某件事上的時候，就很難預測那件事的影響力。所以我們會經常誤判哪些事會吸引我們的注意力，哪些事又不會，就一點也不讓人感到意外了。

差異認知偏誤

在日常生活中，我們不僅要預測一件事的影響力，還得在各種選擇中抉擇其一。為順利完成這個過程，我們很可能錯估那些選項的相對影響力。這個問題同樣起因於注意力——在面對選擇時，我們會把注意力放在**選項**上，而非選擇導致的**後果**。**差異認知偏誤**（Distinction bias）是指當我們同時評估兩種選擇時，會傾向評比這兩個選項之間的差異，而非一一評估選項。[40]所以，無論你面對什麼樣選擇——如買哪支冰淇淋、接受哪份工作——你會更重視選項之間的**差異**，而不在意決定將帶給你怎樣的**感受**。

我的朋友有個關於廚房水槽的故事，足以說明這個道理。她去一家相當高檔的五金行，在比較了十幾個水龍頭後，決定買下一個漂亮的亮鉻色水龍頭。結果安裝時才發現，這個水龍頭太大了，跟水槽搭起來沒她想像得那麼好看。這個巨大的水龍頭讓她備感困擾，但她的家人和朋友卻覺得很有趣。這正是因為差異認知偏誤，導致她最後買了比例不對的水龍頭。

假設你正在考慮該不該買下剛才參觀的那棟房子。為了做出決定，你得綜合比較現在住的房子，以及新房子。你覺得新房子比較大，所以決定換房。可是等搬進去後，很快便發現新房子跟原來住的房子其實差不多大（除非原本的房子沒有孩子的房間，而新房子才有）。從注意力的角度而言，房子的大小帶給我們的感覺都是差不多的，所以沒什麼好特別注意的。在參觀新房子的時候，我們更應注意晚間房子外面的噪音，畢竟噪音是一種容易引起注意力的刺激。我們可以輕易地適應空間大小，卻難以適應空間裡的噪音。

我們總是跟著「感覺」走

買房子的例子，也可用來說明另一種錯誤投射，那就是我們總是被此刻的感受所影響，去想像自己將來的感受。我現在就是喜歡那間新房子，以後怎麼可能會不喜歡住在裡面呢？行為科學家用**投射偏誤**（projection bias）一詞，來定義這種情況，意思是人們誤用**當下的感受，去投射將來的感受。**[41]

有一項相關研究，可謂為一個經典，研究的實驗方式是讓一位女子將電話號碼留給兩個男子，並比較「剛走過吊橋」及「走過吊橋逾10分鐘」的男子，打電話給她的機率。結果發現，剛走過吊橋的男子，更有可能會打電話給對方。[42]這是因為剛走完吊橋的男子所感受到的刺激感尚未消逝，遂把這份感受投射在想像自己未來與這位女子約會的感覺。

從這項實驗結果公布以來，投射偏誤的實驗猶如雨後春筍般出現。學生在選擇讀哪所大學時，會受參觀校園那天的天氣所影響；而且令人訝異的是，陰天會使報到機率提高。[43]人們會依購物當天的天氣，決定該不該買冬季衣物，不過雖然天氣冷時人們會買更多衣服，但未來的退貨比例也比較高。[44]當你在採買下周的食物時，如果剛好肚子餓了，你最終買的食物很可能會超出原本的計畫，我想這樣的採購經驗想必大家都不陌生。[45]有趣的是，我們總是無法從上一次的經驗中學到教訓。飢餓感每每使我們買了過量食物，就好像我們註定得這麼做似的。不過，這是因為我們的祖先總是處於吃不飽的狀態，他們想不到有一天人類只要去超市，就可以解決這項生理需求。

你現在的感受，無法用來預測將來的感受。有一項極端卻足以說明投射偏誤的研究。在1993年至1995年間，有168名癌症末期（並已放棄所有治療方式）的病人來到位於加拿大溫伯尼市的河景醫院，並自願住進該院的安寧照護中心。研究人員請他們用100分來評估自己的求生意志（100分表示「強烈地想活下去」，0分表示「一點也不想活下去」），他們的求生意志在一個月內的起伏程度居然高達60分，而在12小時內的起伏程度也大約有30分之多。這些劇烈的起伏，說明了病人在回答求生意志問題時的心情。[46]

我們不妨換一種沒那麼極端的假設情節，試想你的感受是如何引導你做出決定。當有人約你出門，你是否會馬上答應，但赴約後又在想自己為什麼已經覺得無聊了？周五晚上的你非常期待周日早上要跟朋友一起吃頓早午餐，但到當天早上卻不願從舒服的被窩裡爬出來？你是否曾計畫每晚去騎自行車，但一到晚上卻很難從舒適的沙發上站起來？我們所做的決定大都基於同一個假設：那就是不管我們現在感受到的是愉悅和目標，還是痛苦和空虛，將來也會感受到同樣的情感。

話雖如此，有時反而是因為當下的感受與預期的感受有落差，於是我們的預期感受會驅使自己做出某些行為。[47]舉例來說，即便有人願意給你一筆錢，你也不太願意跟他交換手上的樂透彩券，這是因為萬一手上的彩券中了大獎，到時你肯定會後悔莫及。[48]

但我們也會誤判自己將來會有多懊悔。剛錯過火車的上班族感受到的失落程度，比不上另一群預期自己錯過火車的上班族。在觀察猜中超市常見商品（比方說口香糖、洗衣粉等）價格來贏得獎品的比賽中，研究人員也發現那些差點就能猜中價格的參賽者，其懊悔程度不及那些預期換作自己就能猜中價格的觀眾。[49]總而言之，我們常錯誤地預測自己將來的感受。

回憶的時間與感受

我們不只會誤用當下的感受去投射未來，也時常會記錯過去某件事的完整感受。不妨花幾秒鐘回想上次放假時，你的假期過得如何？你願意再經歷一次同樣的事情嗎？如果你的答案跟其他人一樣，我可以用兩項因素來解釋你的答案：一是你感受到的**最**愉悅或難過的時刻，二是你在**結束時**感受到的愉悅或難過。這就是**峰終定律**（peak-end effect）。[50]而且當我們在評估某件事帶來的經驗時，其實並不會去注意那種感受持續多久時間，這種情況被稱為**忽視持續時間**（duration neglect）。[51]

即便是最近的回憶，被記得的回憶只包含了過程中最高峰和結束時的感受，而感受持續的期間則會被忽視。回憶無法帶領我們再次溫習過去的感受，但卻能決定我們對這段過往的感受，進而影響將來的行為。

想一想你最喜歡的電影。你應該忘了片長有多長，但肯定記得最喜歡的橋段和結局。這也正是為什麼編劇或劇作家要絞盡腦汁，讓結局充滿亮點與激情。劇情也許灑狗血，但只要結尾收得夠漂亮而不失記憶點，我們很可能會覺得這部電影挺好看的！觀賞一部電影時的感受及回想那時看電影的感受，就形成那部電影所帶給你的幸福感。換言之，你從某件事獲得的幸福感，是來自本身感受到的所有情緒。

如果某件事的結局會成為回憶的關鍵，那麼這件事的過程也許沒結局那樣重要。你所記得的最美好的夜晚也許短暫，但因為結尾非常好，所以你會經常懷念那些時光。既然我們經常想起某些事如何結束，所以顯然結局比過程重要得多。

我們可參考2012年1月10日，聆聽紐約愛樂交響樂團演出的觀眾之感受。當長達82分鐘的馬勒第九號交響曲即將演奏完畢之際，有個人的手機響了。儘管前面81分鐘的表演幾乎無可挑剔，許多觀眾後來回想，卻都覺得那道鈴聲破壞了整個聆聽經驗。[52]但他們的說法是正確的嗎？畢竟，只有最後1分鐘被破壞了。但那也是最重要的1分鐘，是這首曲子的高潮，也是結束。

所以大致上可以這麼說，我們對某件事的整體感受是好或壞，將決定這件事的不好回憶，對將來感受有多深刻的影響。**過去的回憶，會成為我們當下的感受。**正如那些交響樂迷，他們會不會常常想起那個被搞砸的晚上？假使回憶的痛苦程度超越前81分鐘期間感受到的愉悅，他們就會認為那是一次糟糕的經歷；反之，才會是美好回憶。

我要強調的重點，也是我在第一章所提到的，我們必須思考將來回想起這段記憶的頻率，加上回憶會帶給我們哪些強烈感受，才會知道這段回憶會促進還是降低自身的整體幸福感。

因為我們會放大不好的部分，使我們常想起那個被「毀掉」的經歷。從進化角度而言，確實如此。如果你曾去到新的區域閒逛卻差點被獅子當午餐，那麼無論那裡的花有多美多香，你都不可能再去了。

但是，發生經歷時的背景也很重要。以我個人來說，我記得經歷過無數個美好夜晚，遠超過那些不好的回憶。

雖然每個人體會到的感受可能很不一樣（這取決於我們是愉悅機器，還是目標引擎），但由於愉悅或痛苦達到最巔峰時的回憶都很強烈，所以我們比較容易想起那些回憶，而較少想起目的或無意義達到最高峰時的回憶。如同我先前所說，撰寫這本書令我覺得有目標，任何事都不會影響這份感受。可是，我的回憶也很可能被這本書的銷量所影響。賣出的數量越多，我會更加肯定撰寫這本書所帶給我的回憶，進而可能更會影響我決定是否撰寫下一本。

然而，不管你的注意力放在哪，你的記憶都不可能完全符合事實。這表示，你的不正確記憶會引導你做出決定，但這種決定無法使你將來的幸福最大化，甚至你得更努力地讓生活中的愉悅和目標感達到平衡。儘管上次放假期間，大部分的時間你都覺得很無聊，但由於在某個時刻你曾感到格外興奮，所以才會回想起那次假期。又或者，某個糟糕的瞬間讓你萌生離職念頭，然而總體來說，這份工作帶給你更多的是美好回憶。工作滿意度可用來預測離職率，根據德國和英國的大型調查數據，利用工作滿意度的巔峰值和結束值來預測離職率之準確度，比整體工作滿意度更高。[53]

不妨回想過去，你是否曾誤判將來的幸福，以及你的預測後來跟實際的感受截然不同。去年聖誕節，萊絲和我帶孩子們去西班牙伊比薩島拜訪米格。「米格」和「伊比薩島」讓我對這趟旅程抱有玩得開心的期望。可是，冬天的伊比薩島很冷清，對帶著兩個孩子（在萊絲眼裡，包括我是三個孩子）來島上找樂子的家庭而言，這時候並不適合度假。我們已經花了一大筆錢買機票、訂飯店，儘管米格非常努力地替孩子安排活動，但我們還是玩得不夠痛快。萊絲說她先前就警告過我可能會這樣，而我現在才知道，她說的一點也沒錯。

錯誤的信念

當我們思考自己是怎樣的人以及未來想成為怎樣的人時，我們常會犯錯，有時甚至會阻礙將來的幸福。我們常常誤會的事情包括：（一）自己是怎樣的人，和我們為何這麼做；（二）我們的期許；以及（三）接納自己的好處。

自欺欺人

你剛才跟朋友有一些爭執。她覺得你沒禮貌，所以很生氣；你覺得她過度反應。你們都不記得彼此說過什麼。誰是誰非呢？事實上你們都對，因為這沒有所謂的客觀事實，只有你們各自的主觀解讀。我們解釋自己的行為，並形成與自身信念相符的故事。你相信自己懂得尊重他人，而她認為你是個沒禮貌的人。

我們會頑固地相信自認為正確的事，而且幾乎很難改變心意。不妨回想這幾年來，你有幾次徹底改變過想法？我猜，應該沒幾次吧！我們認為有足夠且合乎邏輯的理由來支持自己的信念，但事實上，我們通常是**先有信念，而後才會注意背後支持的理由**。倘若我們是基於證據來形成信念的，那麼只要出現更有利的證據，我們便會頻繁地改變心意。然而，**我們總是在尋找資訊和證據來支持自己的信念，並忽視與自己信念相悖的資訊**。這種現象就稱為**確認偏誤**（confirmation bias）。[54]

以我個人經驗為例，學術期刊的審稿人更偏向讓與其論點相符的論文通過審核。[55]倘若經過「合理」蒐集或分析的研究證據不太符合我們的觀點，我們要嘛否定，要嘛想辦法讓該證據合乎觀點。

在行為方面亦是如此，若是我們的信念與行為不相符，我們就會想辦法解釋其中差異。如果你認為自己廚藝不錯，卻做了一道難吃的菜，你可以將其歸咎於食材品質不好、爐子故障了，或是因為朋友就快到了你手忙腳亂，所以才煮得不好吃。只要能將責任推給自身以外的事物上——怪罪於事情的背景環境、其他人等——你便得以繼續肯定自己的廚藝。這麼一來，你的信念依然與行為有所出入，而你總能找到理由，解釋那道菜為何不好吃。

當自己的行為不如預期時，我們往往直接歸咎於背景環境或他人，但當我們評論他人的行為時，情況則完全相反。在面對他人的行為時，我們會更輕易地指出菜不好吃，是因為對方的廚藝不好，而非其他原因。這就是**基本歸因謬誤**（fundamental attribution error）。[56]在解釋他人行為時，我們往往高估對方內在性情的影響，低估背景環境的影響。這是心理學研究的中心概念，已有上千篇論文探討過這類議題，其中不乏證據指出，我們傾向批評和自己不一樣的人。[57]

儘管事出必有因，我們仍不明白背景環境帶來的影響有多大。我們誤以為是掌管深度思考的系統二驅使我們做出決定，同時也忽略了掌管固有思維的系統一之影響，所以沒能意識到我們自然而然地、潛意識地做出的行為，這一點也不意外。可是，我們其實可以主宰自己的行為。我們可以反思上一次的行為，在將來遇到同樣情況時，才知道該怎麼做會表現得更好——而不僅僅是意圖做出有別於上次的行為。[58]事實上，關於有益健康的行為，比方說運動，我們的意圖至多只能說明了其中約四分之一的行為改變，而剩下的四分之三則須以特定背景環境有關的因子來說明，比方說附近有個很棒的戶外運動場所，或公司附設健身房。[59]

誤以為自己不會受到背景環境影響的這種錯誤信念，會讓我們陷入大麻煩。許多男女會在「對」的情況下說謊欺騙另一半，舉例來說，與充滿魅力的朋友在晚上一起喝酒，因為喝得太醉只好一起回到對方家裡。如果你認為自己不會被背景環境影響，那麼你很可能會在某一天必須面臨身不由己的情況。只有當你能認清背景環境的作用，才能免於說謊欺騙，以及避免陷入身不由己之情況。

我們都必須接受自己是環境下的產物，不過有時自我欺騙是必要之惡。少之又少的人是真如自己所相信的那樣，擁有好廚藝（或者擁有魅力、聰明和幽默感）。若真是如此，那該多好？但誰又願意讓別人指出真相呢？即便願意，那也需要有「客觀事實」的存在，只可惜這種情況並不常見。大部分的事情都是比較而來的，包括你的廚藝。比起我的孩子，你廚藝棒透了，但跟英國廚神赫斯頓・布魯門索（Heston Blumenthal）比，你的廚藝就顯得很普通。因此，若客觀事實真的存在，那麼我們必定高估了它對自身感受的影響。

然而，我們欺騙自己的程度有限，有時候我們難以解釋信念與行為之間的矛盾，因而使自己感到不幸福。當這種情況發生時，與其改變行為，不如改變自己對特定行為的看法會更容易。確實，行為科學已經告訴我們，行為會影響態度，而不是態度影響行為。例如假使我們對工作或社交關係不滿意，我們就會認為這些事情的重要性，比不上自己較滿意的其他生活方面。[60]

不過研究也發現，當人們的想法和行為之間出現矛盾，就會感到不自在，這種情況稱為**認知失調**（cognitive dissonance）。[61]在面臨認知失調情況時，試著調整態度與行為保持一致，會比改變行為去符合態度來得更容易。社會心理學家里昂·費斯廷格（Leon Festinger）在1950年代提出認知失調理論，當時他做了一項社會實驗，他給實驗對象一項非常無趣的任務：請他們轉動托盤上的釘子。接著，他提供1美元或20美元為代價，請實驗對象去說服別人完成同樣的任務。結果拿到1美元的實驗對象比較喜歡這項任務，為什麼？拿到20美元的實驗對象給自己找到一個好理由：「我是為了錢才這麼做的。」而只拿到1美元的實驗對象需要用不同的理由，使自己的態度符合行為：「我不是為了錢，做這件事是因為我高興。」[62]

認知失調是很普遍存在的情況。為什麼孩子玩了其他玩具之後，就不那麼喜歡舊的玩具了？為什麼賭徒在下注後，會認為自己選中的那匹馬更可能獲勝？為什麼對婚姻不忠的人會認為外遇沒什麼大不了的？這些狀況都可以用認知失調，來解釋其原因。[63]

認知失調也是政治圈的常見現象。有研究人員蒐集了1976年至1996年間，長達二十年之久的美國選舉數據。與尚未有投票權的年輕人相比，剛獲得投票權的年輕人之間的左右分歧態度更加明顯；也就是說，由於剛獲得投票權的年輕人可參與政治，於是影響了他們對候選人的態度。[64]

當感情變調時，有人會說「你無法控制自己愛上誰」，這句話也可用認知失調來解釋。為使自己對這段關係的看法符合維繫親密關係的行為，所以才會用了「愛」這個字。但用這種敘述方式來解釋外遇行為可能會導致危險的後果，比方說被家暴者會為了「愛」，選擇繼續留在施暴者身邊。[65]感情上的決定與生活上的所有決定一樣，都必須根據長期以來所感受到的愉悅和目標感，而不是掛在嘴上的說詞。

認知失調還可用來解釋我們對愉悅與目標感之間，取得最佳平衡的想法。我的朋友米格認為快樂更重要，而另一個朋友麗莎則認為目標更重要，所以他們的信念符合各自的行為。當認知失調時，他們會感到不開心，於是他們得想辦法維護幸福感。然而，要是他們可稍微調整從事的活動以及注意力，他們就能找到愉悅與目標之間更好的平衡，然後他們也許會更加幸福快樂。

期望太高

看待自己的方式（或者說，對自己的評論）就是你對自己的**期許**，而我們可能在很小的時候，就已經對自己有了一番期許。行為科學家葛蕾絲・洛登（Grace Lordan）和我分析了英國大型調查數據，這項調查蒐集了研究對象從童年時期到成年後的生活滿意度及心理健康狀況。我們發現無論他們的生活是漸入佳境或每況愈下，目前收入與過去收入的比較，都可有效地預測其生活滿意度及心理健康狀況。[66]這份生活滿意度及心理健康報告更指出，如果人們預期收入增加的速度比實際情況更快，這份期許將徹底抵銷因收入增加而產生的肯定感。[67]**擁有期望能製造生活上的目標感，少了期望，我們就感受不到目標。**人們之所以會從工作上感受到強烈的目標感，正是因為他們的工作符合對自己的期許。[68]換句話說，倘若你期望某件事會很有趣，結果卻沒能達到你的期許，那麼你便會開始覺得那件事很無聊。

一般來說，**對自己有適度的期許比較能促進幸福感的提升。**以參加派對為例，有些人非常期待千禧年到來，並做了許多事前規畫要迎接千禧年，結果他們卻比沒什麼期待、也沒有任何計畫的人更加不快樂。[69]你也知道晚上去狂歡時，沒有提前計畫反而能創造更美好的回憶。到頭來，期望越高，失望也就越高。

適度的期望能幫助我們避免得到**錯誤願望症候群**（false-hope syndrome），這種症狀就是我們的期望越來越不切實際，早已超越應有的限度。[70]儘管錯誤的願望是源自樂觀主義，但適度的期望與樂觀主義並非矛盾關係。樂觀主義的相關研究指出，我們應抱最大期望，並做好最壞打算。[71]這並不表示我們非得抱有最高的期望，或者忽視最糟糕的情況，而是當我們面對未來的不確定性時，戴著樂觀主義的玫瑰色眼鏡也很好，但偶爾也要摘下過度樂觀的眼鏡，好看清楚現實情況。儘管我們難以弄清什麼才是明智或不明智的期望，但至少我們可設立一個基本標準，那就是**當你正努力實現自己設定的某個目標，也要同時能在其中感受到愉悅和目標感**。為了讓你明白自己該堅持還是放棄某件事，我會在後面章節分享一些方法，幫助各位從自己和他人身上找到答案。

不過，有時我們會逼迫自己仿效欣賞之人的行為。自我改善固然很重要，但自我改善也要能為幸福加分才行。如果你的志向無法讓你或你在意的人變得更幸福，那就沒必要逼自己賣力去辦到。你應該先仔細想想自己為什麼要成為理想之人，才能設定出明智的目標與志向，為自己創造更美好的幸福。

接納太少

無論你做什麼，都不要太苛責自己，因為你永遠無法強迫自己做出違心之舉。要別人按照你的方式去做，最有效的方法之一就是**讓他們覺得自己這麼做是心甘情願的**。[72]一旦感覺到被強迫，人們就很可能加以抗拒。你怎麼與別人溝通，也可以用一樣的方式與自己溝通。在知名的「白熊實驗」中，你硬是要自己不去想像一頭白色的熊，你想起白熊的次數將會越來越頻繁——事實上，如果接著允許自己想像那頭白熊，它的形象甚至會越來越鮮明。[73]

總而言之，我們要**學著更加接納自己，進而讓自我評價成為實際感受的一部分**。拒絕接納自己是一種內化的羞恥感，於是當人們想要改變行為時，這種羞恥感會使自己產生更多負面情緒。[74]倘若一個人對自己煮菜不好吃的事實視而不見，來家裡吃晚餐的客人將越來越少，但他自己卻不明白為什麼沒人願意來家裡吃飯。只有接納自己，才能真正地改變自身行為。接受自己廚藝不夠好的事實，也許更會因此產生學習做菜的動力。就算不打算精進廚藝，接納自己是個不完美、會犯錯的凡人，也能讓自己變得更加幸福。我接納了自己講話會結巴的事實，但更重要的是，我認為自己沒必要為此感到羞恥。

匿名戒酒會的禱告內容中提到：「賜予我們平靜的心，去接納無法改變的事；賜予我們勇氣，去做能改變的事；賜予我們智慧，去分辨這兩者的不同。」[75]我們需要去蕪存菁——分辨哪些想法要堅持、哪些想法要放棄，這是一項不簡單的挑戰。最重要的是，我們必須仔細斟酌，判斷自己的想法是在幫助，還是阻礙我們追求幸福。

犯錯也沒關係，重點是能學到教訓。錯誤有好壞之分，好的錯誤將成為教訓，所以不必遮掩，尤其是要自己視而不見。[76]壞的錯誤，是不斷重蹈覆轍，正如愛因斯坦的名言：「世界上最愚蠢的事，莫過於每天不斷地重複做相同的事，卻期待有一天會出現不同結果。」

看完莎士比亞名劇《馬克白》的人通常會得出一個結論：某個人是「自食惡果」。[77]在近幾年裡，我常常扮演自己最大的敵人，而且我敢說你一定曾做過某些事，然後事後回想起來覺得自己當初到底在想些什麼—— 甚至可能在做的當下，你就已經有這種念頭。這似乎是人類天性使然，我們花太多精神在注意別人對我們的傷害，其實真正應該在意的，是我們對自己所造成的傷害。倘若你覺得有個朋友總是對你太刻薄，也許你應該要思考的是，為什麼你允許他這麼做。實際上，你更應該思考的問題是，他是不是真的那麼卑鄙。世上無完人，想要建立幸福的關係，你要不接受對方的一切，無論優缺點；要不就是離開他。而你永遠都會跟自己在一起，這表示你必須接受自己的一切；你必須承認自己的不完美，並相信自己能夠改變。

重新分配注意力

我們之所以會覺得自己不夠幸福，是因為分配注意力的方式，無法使我們感受到應有的愉悅和目標感。我們誤以為某些事物能帶給自己動力和快樂，並對其抱有欲望，於是當然會覺得自己不夠幸福。我們總把注意力放得太近，沒有著眼於未來的後果，難怪當下的決定無法使將來的我們獲得幸福。當信念與行為互相牴觸時，當對自己抱有不切實際的期望時，或者當無法接納自己時，我們便會覺得生活過得苦不堪言。

既然錯誤分配注意力是根本問題，那麼重新分配注意力，就是治本的解決之道。你需要更有效的製程來製造更多的幸福感。幸運的是，行為科學能幫助我們更了解自己為什麼沒有妥善分配注意力。不僅如此，透過行為科學的啟發，重新分配注意力還可讓我們去「實現幸福」，這便是本書第二部的主軸。

第二部 實現幸福

有三個獨立又環環相扣的概念，可幫助我們重新分配注意力，進而獲得更多幸福，那就是「決定」「設計」以及「實踐」。在第五章中，我會跟各位介紹如何集中注意力在能增進幸福的事物，以及避開令你分心、導致無法獲得幸福的障礙物。這些事物包羅萬象，從選擇哪份工作到決定今晚要做什麼事。

第六章是關於如何設計周遭環境，讓你輕鬆地變得更快樂，比方說設定個人電腦的首頁。

一般來說，當我們對某件事投入所有注意力，如跟朋友聊天，我們都會更快樂，這就是第七章所要討論的主題。

加入各種相關因子是最能有效促進幸福的方法，因此我希望第八章的內容可引起更多讀者共鳴，因為我將解釋如何透過決定、設計及執行的過程，改掉拖延惡習及幫助他人。就算我的舉例不適用在你身上，還是可以作為一些參考，幫你改變其他行為。

那我們開始吧。

第五章

帶來幸福的決定

幸福製程的第一關，是「決定」哪些事可帶來幸福，進而避免自己產生錯誤的欲望、投射以及信念。這些問題的主要答案就在眼前：親身感受到的愉悅和目標，以及身邊的人認為你幸不幸福。不過，得小心別把事情想複雜了。

留意自身的反饋

你曾想過什麼事會帶給你最大的愉悅和目標感受嗎？我們可能會犯下各種錯誤，而改正那些錯誤有一種重要、又有用的辦法，那就是注意自己對某件事的**直接反饋**，也就是你在做某件事時，有沒有感受到愉悅和目標，還是兩者皆否，並用這份反饋，去預知將來的幸福程度。有些事能帶給你愉悅和目標感受，但有些不行，所以我要教你如何找到素材投入你的幸福製程。我們要努力找出平衡點，好讓自己不必時時監督這道製程，以後當有好的理由出現時（比方說投入物或其影響發生變化時），你便可重新分配注意力。

凸顯幸福的訊號

我們從行為中能得到最重要的反饋就是幸福感，可是幸福感並非總是最顯眼的反饋。只有當某樣東西是顯而易見且與你相關時，它才會成為你心中的重點。例如當我聽到有人對我說外語時，我很快就會開始放空，因為我聽不懂對方在說什麼。當我聽到有人說話有地方口音（尤其是英國高階政府閣員），我通常能聽懂他們說的內容，所以對此難以忽視：我注意到他們有口音，而他們的談話內容與我有關。

有時候我們的幸福感並不是非常顯眼，所以我們得努力增加其存在感。不妨想像你正在彈奏鋼琴，卻聽不見琴聲。生活中有許多事就像彈著一台聽不見琴音的鋼琴，我們從各種生活方面體會到愉悅或目標感受，但卻不關心那些感受。因此，我們得更加注意投入物及自身感受，來聆聽生活的琴音。一旦你做到這些並熟悉生活的旋律後，便可利用生活之琴，來預測下一段旋律。

做任何決定時，一定要注意顯而易見的反饋，特別是當在理解適應過程的時候。想像有人撞到你的車還跑掉了，也許你會馬上跑去修車，因為你一看到擦撞痕跡便覺得不開心。不過你也可以等個一、兩周時間，觀察自己是否還是一樣難受。要是你還是覺得心情不好，那就去修車吧；可要是車子刮痕已經不再影響你的心情，你也可以選擇不修車子，等哪天又有天兵撞到你的車或你想賣掉車子時，再去修理吧。當一件事發生時，除了觀察第一反應之外，我們也要留意接下來的感受，才能知道自己能習慣，和不能習慣什麼。

如果你剛好在試圖戒除某種習慣，關注事後的感受不失為一有效做法。吸菸者在戒菸時，對香菸的渴望會在第三天左右達到高峰，且這股渴望吸菸的衝動會持續約三至四周；對習慣攝取咖啡因的人來說，戒斷症狀大約會在36小時後達到高峰，並會在一周後開始減輕。[1]這些資訊都來自我們的直接反饋，所以可幫助我們做出更明智的決定要做些什麼，以及什麼時候去做。

當面對充滿不確定性的情況時，我們會感到痛苦，而這往往也是一種轉機，讓我們有機會去適應現實。你是否曾在收到帳單通知時覺得煩躁呢？儘管去打開帳單吧，你終究得做些什麼。當你採取行動後，才能漸漸擺脫它對幸福感的影響。**直接面對才能解決不確定性所帶來的痛苦，並盡快進入適應階段**。我們也需注意自己在解決過程的反饋，因為這麼做有助了解自己通常需要多少時間，來消化令人痛苦的不確定性。

我們要信任自己的感受，超過信任自己的欲望。你可能以為成為第二個女神卡卡（Lady Gaga）能讓自己更幸福，所以朝著這個方向努力，但後來才發現自己只得到痛苦感受。我們無法確定成名將帶來什麼樣的感受，所以要是你無法從成名的過程中感受到愉悅和目標感，即便你犧牲當下的幸福，也不一定能換得將來更多的幸福。注意自身的反饋，幸福才不會從手中溜走。

我們要信任自己的感受，超過信任自己的期待。無論你選擇怎麼做，只有**決定**能帶給你感受，而非沒選中的選項，所以不必花時間去考慮不同選擇的後果，正如你會打開帳單，而不會去想像如果沒打開帳單的結果。

我們通常**對小事太多慮，卻太少思考能為我們帶來幸福的重大決定。**比方說，我們會花好幾天時間考慮牆壁要漆哪種顏色，卻只花兩小時參觀新買的房子。比起有確定結果的事，我們也會對不確定結果的事感到苦惱，例如跟上課要帶哪本筆記相比，要選修哪門課更令人頭痛。其實針對瑣碎又不確定的事所下的決定，之後回饋的愉悅和目標感，實際上幾乎不如我們想像中的會有很大的影響。

我們要信任自己的感受，超過信任自己的信念。如果能讓自己的行為帶給你更多的愉悅和目標感，那麼你將會形成與之相符的態度，進而鞏固行為。行動勝於空談，不妨回想一下，比起我們的意圖，是過去的行為引導了我們將來的行為。

還記得之前在第三章提到，我們可能會為了追求幸福而減肥。但實際上，減肥不一定會令你更幸福，除非肥胖導致健康狀況惡化。不過我們要先假設減肥會帶給你幸福，畢竟體重是比任何事都更難以忽視的反饋。找一台可靠的體重計，每周量兩次體重，並在同一時間站上體重計。真實的體重數字即是一種反饋，對減肥也許會有幫助。我每隔一天就量體重，我承認次數也許有些頻繁。儘管我一直努力增重而非減肥，但我相信頻繁收到顯眼的反饋會影響行為。不只量體重，還有其他證據支持這點。使用計步器來計算一天中走多少步，可進而鼓勵你多多走動。[2]使用血壓計監測血壓，也可有助控制血壓。[3]

至於飲食方面，如果要我們估算每天吃進多少食物，大部分的人計算出來的熱量都比實際情況低得多——體重也告訴我們這項事實。有項在一間速食店調查超過600名在此用餐的客人之研究，發現他們對餐點的熱量之預測，比實際熱量平均少了約120大卡。[4]由此可知，完整記錄飲食熱量是有利減肥的建議。[5]一旦你更了解每天所吃的食物，就能先停止記錄，直到飲食習慣改變，才需要恢復飲食記錄，正如你一旦知道什麼事可帶來幸福感之後，你才可以停止監督行為的反饋。每當出現可能會影響或改變幸福製程的新事件時，你才需要恢復監督自己的反饋，就好比你開始吃不同的食物時，也得注意身體的反饋。

正如第二章提過的，一般而言，吃東西是件非常愉悅的活動。儘管有證據顯示肥胖的人從食物所得到的愉悅感較少，但這也說明為什麼他們想吃更多。有研究人員請一群體重超重的肥胖女性一邊喝奶昔一邊接受腦部掃描，六個月後再請她們做同樣實驗。結果發現，比起在這段期間內體重沒有增加的女性，在六個月內體重有增加的實驗對象大腦中，負責製造多巴胺的區域變得較不活躍，而多巴胺正是與愉悅感相關的一種神經傳遞物質。[6]「從食物得到的愉悅感較少」是變胖的原因還是後果並不重要，因為無論原因是什麼，體重過重的人從食物所得到的愉悅感較少是事實。也因此，最近推出的減肥藥都是在促進人們從飲食中獲得愉悅感，進而有利克制食欲。

總之，注意食物帶給你的愉悅感，有助維持你的腰圍。當人們沒那麼注意食物時，食物對幸福的反饋便沒那麼顯眼，吃東西也成為不是件多麼感到愉悅的事，所以才會吃更多以求獲得更明顯的愉悅感。理想上，將注意力放在食物，能幫助我們放慢吃東西的速度，充分享受食物的美味，進而吃得少一些。比起在美國費城麥當勞店內用餐的人，在法國巴黎麥當勞店內用餐的人會多花20分鐘吃完一餐。[7]這項研究並未納入整體熱量攝取，不過有其他研究發現法國人通常比美國人吃得更少。

我們也已經知道，與人結伴從事活動對我們更有益。還記得在德國的一日經驗重建實驗和美國時間運用調查數據皆指出，與他人一起吃飯可增進愉悅感。可是，如果想減重，與他人一起吃飯會使你開始注意對方，於是分散了你對食物的注意力。因此有研究發現，聚餐時我們會吃得比較多。[8]聚餐時，我們會傾向繼續吃東西；而當我們獨自一人用餐時，很快就吃不下了。[9]

這凸顯了**警覺心**的重要性。我會在下一章詳細解釋背景脈絡的影響，而在大部分情況下，設計自己身處的環境，能有效自動引導注意力；如此一來，我們就不必費力思考自己做出什麼樣的行為了。不過，有時你必須刻意集中注意力在特定事情上，比方說飲食。倘若你已經有「盲目飲食」（mindless eating）的問題，那麼透過觀察顯而易見的反饋，將注意力集中在你選擇的食物上，可能是更好的解決方式。[10]重點在於，這些顯眼的反饋可幫助你選擇投入幸福製程的資源。反饋本身雖不足以改變你的行為，也無法促進幸福感，不過精心設計的周遭環境是另一個獲得幸福的關鍵，我在接下來的內容也會多加解釋這點。

愉悅感也是難以忽視的反饋，千萬不要忽視愉悅感的反饋，想辦法彰顯愉悅感的來源亦對你有好處。所以，我們要讓自己**笑口常開**，並提醒自己微笑的感覺有多美好。而且，你的微笑會帶來幸福感。我們已經不乏證據證實笑容既是幸福的結果，也是來源，因為當我們常以笑臉迎人時，我們在不知不覺中也變得越來越幸福了。[11]於是你將很快地，而且可說是發自內心地覺得自己心情更開朗了。即便不是真心的笑容也能讓你感到快樂，比方說故意用鋼筆抵住牙齒，做出類似笑容的表情。[12]雖然旁人可能以為你在假裝，但你仍然感覺得到快樂。[13]

想辦法讓目標感更加難以忽視，也很重要。就像讓孩童進行有挑戰性的活動，有助提升他們在校的行為和表現[14]。因此，不妨多多挑戰自己吧！此外，有研究發現，如果人們在工作上需要發揮更多技能，這份工作也會帶來更多意義感。[15]因此，不妨多多展現你的長才吧！請記住新的事物會吸引我們的注意力，所以運用各種工作技能有助專注，進而強化工作的目標感。

所以，我們要努力彰顯愉悅和目標感，如此一來，我們才能利用這些反饋來判斷，某件事或目標有沒有製造更多的幸福感。一般來說，我們不該抱持錯誤信念，以為總有一天能彌補失去的幸福，結果卻犧牲自己長期以來的幸福。千萬不要犧牲今天的愉悅和目標感，來換取明天的幸福。如果你為了更幸福而打算減肥或做其他事，**今天就開始行動吧**。先不管將來變瘦或變結實會帶給你的幸福感，你現在就可以開始使用跑步機，享受間歇訓練的痛苦以及運動的目標感。時常提醒自己去發掘更多的幸福感，比方說，你也可以在時程表上，把去健身房的運動時間記為「實現目標之旅」。如此一來，我們可彰顯所有行為對幸福感的影響，特別是當試圖改變自己的行為，而非僅止於改變想法時。欲望、期望和信念通常都是期待未來事件總有一天會帶來幸福感。但**與其盲目期待將來，不如現在就去改變行為**，從而凸顯付諸行動的好處，因為我們其實沒那麼關心尚未實現的好處。

也許你曾猶豫要現在買雙漂亮的靴子，還是把錢存起來，等以後老了買台昂貴的客製化助行器。你可能會反覆思考，但我敢打賭你到頭來還是會買那雙靴子。存退休金能為**將來的**老年生活帶來安全感，還能隨著年齡的增長而鞏固**當下的**安全感。與現在買靴子的差別在於，你有一天可以買台好用的助行器，以及你知道自己將來負擔得起。現在想一想，靴子不再吸引你了吧。

幸福感是付諸行動的後果，所以能使我們堅持某種行為的動力，來自行為本身所產生的正面反饋——而且是現在就需要的正面反饋。如果做某件事能讓你感到快樂，而你也明白這點，你會更願意繼續做下去。反之，如果你現在對某件事，如暴飲暴食不會感到難過，你便少了動力做出改變。對愉悅和目標感來說，這個道理更是如此，不過有目標的活動會需要你投入更多注意力，而且注意力在過程中也很容易分散。

與其想著運動有益健康，不如好好注意運動當下的感受，因為只是為了健康不太能說服你現在就去運動。[16]以不確定且遙遠的未來為目標，鼓勵自己去做出有益健康的行為，是會導致失敗的做法，所以我寧願你注意運動現在所帶給你的感受。我可以非常肯定地告訴你，我維持運動的習慣不是為了追求健康，也許二十年後我會享受到運動的好處，但大量訓練的結果也可能導致我的關節出問題。不過，這些都是不確定的後果，而且二十年還很遙遠。我能堅持做重量訓練，只因為這項活動現在就能帶給我幸福感，而非為了將來的幸福。能反饋給你愉悅—目標的活動，才是最重要的事。

在制定政策時，我們會利用幸福感相關數據來衡量政策焦點的影響，比方說要著重生理健康還是心理健康，你也可以用自己的幸福感數據來分配注意力。也許你會覺得長時間工作能獲得升遷機會，值得你犧牲家庭相處時間，但實際獲得的幸福感可能是另一回事。無論是工作或其他欲望，愉悅和目標感受才是真正的頭獎，把注意力放在這兩種感受上，也許能幫你克制過度的欲望。

重新安排時間表

你也許會理智地問自己：「我該怎麼做到？」為了讓愉悅和目標感更加顯眼，不妨試著運用第二章提到的一日經驗重建法，寫下自己的幸福日記。我在這裡提供的表格就是根據一日經驗重建法製作的，我承認表格看起來有點繁瑣，但我建議至少做一次練習，讓它幫助你了解自己的注意力分配。記不清楚每件事的細節、開始和結束時間，都沒有關係。答案沒有對錯之分，我只是想讓你了解如何透過幸福的角度，去檢視一天。這些資料可重新塑造我們對每件事的看法，進而有意識地，或在不知不覺中改變自己的行為。

請依照昨天做過的事，填寫這張表格，並寫下感受到的幸福反饋。可以寫下自己大概開始及結束做每件事的時間，比方說在何時換做了別的事，或者去了別的地方。						
編號	開始時間	結束時間	你在做什麼？	跟誰一起做？	愉悅（0至10分）	目標（0至10分）
1						
2						
3						
4						
5						
6						
7						
8						
9						
10						

一日經驗重建法反映了我們昨天的時間運用，這麼做可讓我們反省自己是否擁有錯誤的欲望。也許你比其他人更想看某個電視節目，可當節目播出到第十七季時，你發現它沒那麼好看了。但是，你的內心依然認為該節目不錯，因為劇

情和選角都很好，可是你的觀後感卻沒想像得那麼好。這便是你可以使用一日經驗重建法的時候，來對比你對某件事的評價以及你從事那件事一段時間後，直接感受到的愉悅或目標感。

你可能抱有某種不對的欲望，而這種欲望不符合你想追求最大幸福的欲望。好比說錯誤的成功欲望，也許你花了太多時間在工作上，或者花太多時間在網路上找跳槽機會。一日經驗重建法能幫助我們看清自己一天浪費了多少時間。有些公司推出的軟體可用來記錄你在各網站、文件及程式上的使用時間，然後做成圓餅圖方便參考，從而有利管理自己的生產效率。

這方面的資訊也可幫助我們糾正錯誤的投射。不妨試著揣測倫敦居民每天面對的選擇：要搭地鐵還是公車上班。選擇搭地鐵，只要30分鐘就能到公司，其中還包含換車，但因為是尖峰時刻，車廂會非常擁擠。搭公車可直達公司，雖然要花40分鐘，可是公車座位比較舒適，也更安靜些。交通時間可能是最關鍵的評估因素，所以你很可能會選擇搭地鐵上班。然而，你可以利用一日經驗重建法來告訴自己，這10分鐘的差異是否真的會影響你的幸福感。如果搭公車會讓你的心情較愉悅，也會幫助你以比較不緊張的心情展開一天的工作，那麼你可以考慮偶爾搭公車上班，因為這麼做有助改善上班的心情。而且，有時搭地鐵、有時搭公車上班，變化通勤的方式說不定會讓你更快樂。

一日經驗重建法還可以幫助你，避免用當下的感受做出影響未來的決定。一日經驗重建法的道理就好比當你肚子餓時，採購清單可阻止你購買過量的食物。利用一日經驗法來阻止自己提前計畫星期日早上的活動，因為你很可能只想用來賴床。當你發現提前規畫周末的結果是幸福感分數很低時，你就要停止這麼做。

利用一日經驗重建法，蒐集自己的愉悅和目標感數據，還可幫助你導正時間運用和追求幸福的錯誤信念。我們顯然都需要花時間處理一些必要事務：工作賺錢、做家事、保持個人衛生、睡眠等，但要如何運用自由支配時間，也就是處理必要事務後所剩的時間，你其實可以掌控。[17]

你有多少時間在做別人替你決定的事？以及有多少時間做自己決定的事？

你對自己時間的支配度，很可能超過你的認知。每個人都會覺得自己很忙，所以沒時間做其他事。我也覺得自己很忙，但還是能每周抽空去健身房四次。這是優先次序的問題。當我們說自己沒時間運動時，意思其實是：不會優先安排時間去運動。我們之所以無法自由支配時間，是因為不認為自己能挪出時間，而非真的沒有時間，除非你把全部時間都用在工作上。我把這本書的完稿發給十幾位工作繁忙的同事，除了一位同事以外，其他人都挪出時間提供詳盡的建議給我。

你還需要理智地看待時間的安排，而一日經驗重建法可幫助我們做到這點。如果你上班通勤要花2小時，晚上要去健身房、跟朋友見面、煮晚餐、觀賞喜愛的電視節目，還要有足夠睡眠時間來應付隔天的工作，這也許不是個有理智的期望。利用一日經驗重建法，你可以留意這些活動是否能帶來幸福感，也可幫助自己評估每天花2小時通勤是否真的值得，還是你該思考偶爾在家工作。

你會發現懂得運用自由支配時間，比光是擁有空閒時間更重要。[18]如果你在旅遊期間，利用一日經驗重建法記錄那幾天的活動，你會知道這次旅遊做了哪些事能帶給你真正的快樂，而不只是單純地受個人認知的影響。這還有助擬定下次的旅遊計畫，你可從中觀察那幾天感受到的愉悅和目標感，從而了解自己更容易在哪些活動中，得到幸福感。

在我們決定如何運用時間時，不妨試著重建事件的背景脈絡，藉此把整件事的經過以及其對幸福感的影響記得更清楚。當警察向關鍵證人問話時，為重現犯罪經過，警察會仔細盤問細節，比方說案發時的天氣、那天午餐吃了什麼，來幫助關鍵證人回溯記憶。為重建背景脈絡，不妨回想周遭環境，比方說當時的地點、天氣及附近的人或物。你也可試著站在其他人的角度，來重構事情經過。[19]

有時我們會希望利用個人的喜好，去記住一件事情到達最高潮和結束時的感受。如果你在安排開會時間，不妨在快下班前，找個你最喜歡的同事在下班前一起完成這件事。如果你想記住最美好的性愛回憶，不妨讓結束的時刻變得難以忘懷，而不必太擔心時間長短（只要在合理範圍內都行）。這道理跟其他事一樣，性愛的時間是否適當，取決於當下的感覺以及事後的幸福感，這兩者就是你對這一次性愛的回憶。

關鍵在於每當開始做一件事時，都要觀察這件事所反饋給你的幸福感。如果你得到的反饋十分明顯，便可以停止監督了。持續監督整個幸福感製程不只費力，且最後還會降低幸福感。一旦你明白什麼事可提供最佳比例的愉悅和目標感，你時不時就得稍微調整這個製程。比方說你現在改搭公車上班，而不是搭地鐵，就得偶爾觀察一下，搭公車上班是否總是讓你感到快樂。說不定天氣會有變化，在下雨天等公車可能就不是件讓人開心的事了。觀察自己的反饋，有利於做出更好的調整。

留意他人的反饋

以他人為鏡

我們不只可監督自己的反饋，也可觀察其他人的經驗。哈佛心理學家丹尼爾．吉伯特（Daniel Gilbert）在其著作《快樂為什麼不幸福？》（*Stumbling on Happiness*）中提到，幸福相關研究教會我們的道理之一，就是觀察他人的經驗，有助理解事情對你本人的影響；且他們的經驗，有時還有助你預測該事情的影響範圍。我完全同意他的觀點。[20]

想像你準備赴一場約會。為幫助你做赴約前的心理準備，你想不想提前知道誰是你的約會對象：對方的樣貌、年紀、身高、家鄉和喜歡的運動，或他人對你的約會對象的看法是什麼？我猜你會想事先拿到對方的個人資訊，大部分的人都是這麼想的。有研究人員請兩組女性與同一名男性約會，結果發現，比起事先取得其他女性與那位男性約會的心得報告來預測約會經驗的女性，只拿到個人資料的女性，反而預期該次約會經驗會更糟糕——儘管拿到約會心得和寫報告的兩組女性，彼此並不認識。[21]

關鍵問題在於你是否能分辨其中差異：何時你的感受會與他人有所共鳴，以及何時會與眾不同。觀察德國的一日經驗重建實驗和美國時間運用調查所蒐集的各種活動數據，你也許會認同那些參與者的意見，但也可能有不同看法。我知道你覺得自己與眾不同——你當然是獨一無二的——但每人對事情的反應，其實沒你想的那麼天差地遠。你的體驗其實跟其他人沒什麼大不同，甚至經常會有近乎相同的感受。

徵詢他人的意見

你也可以詢問他人是如何看待你的幸福信念，尤其是有實驗證據指出當事人與旁人評估當事人的幸福程度，結果兩者通常會給予差不多的評論。研究人員在愛沙尼亞進行過一項實驗，研究人員徵詢在當地社區門診和醫院就診病人的同意後，請熟識這些病人的人（大部分為病人的配偶，也有些是朋友或其他家庭成員）以0至10分為標準，預測病人的整體幸福感。結果發現，病人的自評分數和他人的預測分數之間的關聯性高達0.75。[22]其他研究使用不同方法測量幸福感，亦得出相近結論。[23]如果你覺得自己很幸福，卻做出不幸福的行為，身邊的人將是指出這項事實的不二人選。

當你對幸福抱有錯誤欲望，而使你無法感受到愉悅和目標感時，其他人可協助你，導正注意力在真正重要的事上。他們也許會支持你想成為第二個女神卡卡的欲望，但他們會看得比你更清楚，在實現欲望的過程中只會讓你的生活變得越來越苦。

徵詢他人的意見，還有助克服錯誤的投射。一部分的原因在於，我們容易陷於自身當下的景況，而一般來說身邊的人比較不會受到這種影響，所以他們會更關注你可能經歷的長期影響。當我們剛開始面對新的狀態時，比方說剛結婚、突然變得富有或不幸傷殘，我們會更關心這些變化在短期內的影響。而身邊的人則傾向考慮這些變化對我們的長期影響，因此他們的意見會更深刻地影響你所感受到的愉悅和目標感。

當我們做任何決定時，不妨詢問設身處地為你著想的朋友，而非只是考慮你的選項，藉此幫助你克服「聚焦效應」以及「差異認知偏誤」。假如你剛獲得一個很吸引人的工作機會，可是通勤時間會增加，你會考慮哪些事來決定要不要換工作？當你想到自己即將去新公司上班，以及當你還在比較新舊兩份工作時，都是很可能會做出錯誤投射的時候。所以不妨請熟識的朋友替你思考看看，接下來幾個月將出現轉車或塞車的情況，是否值得你換工作。

我們的研究發現，較長的通勤時間可能導致心理健康狀態變差，尤其是對已婚職業婦女而言。[24]這幾乎是不容置疑的結論，因為一般而言，已婚女性回家後還須負擔大部分家務事。這就是一項難以忽視的資訊，而你的家人和朋友很可能會替你想到這層問題，因為他們不只會考慮這份工作的優點。你最後也許還是會接受新的工作，但至少已經更明白新工作的長期成本與利益。

為了更精準地得知你的決定對幸福的影響，問題的方向將至關重要。不要詢問朋友：「你覺得我要不要接受新工作？」因為這個問題會將注意力聚焦在新舊工作的差別，但卻排除這兩份工作可能帶給你的感受。你應該問的問題是：「如果我換了工作，你覺得接下來幾個月內，我的生活會有什麼改變？」

總而言之，比起你本人，其他人很可能不會有投射偏誤的情況，尤其是你的家人、朋友將能做出更明智的決定，而不受你當下情緒的影響。你也許喜歡上某個人、一輛車或一棟房子，你的情感很可能讓你看不清自己是否該投入這段關係、換車或換房，但朋友可以——或者說，至少可以請他們用更冷靜的角度，去思考可能的後果。

別人會記得你幸福的感受，但跟你不一樣的地方在於，他們不一定會受到「峰終定律」的影響。在我們夫妻還沒生小孩前，萊絲和我常常參加派對。她相信自己對那些夜晚的記憶比我更美好，而我認為我記憶中的夜晚比她更加美好。儘管我不想承認，她對那些夜晚的記憶比我更清楚。研究顯示，在有限的時間條件下，女性比男性記得更多正反兩面的親身經歷。[25]我想表達的重點是，身邊的人會記得更清楚是什麼事情讓你感到幸福。

還記得前面提到有關錯誤的信念嗎？我們可能會依循自己的想法去做出與之相符的行為，而非依據行為去形塑自己的信念。比方說你很想結婚，所以你很可能對喜愛的對象大獻殷勤。此時，因為你已經有意願與對方建立穩定關係，這種想法會使你做出更進一步的行為：與對方互許終身。你問朋友，跟那個人結婚後會是什麼情況。你的朋友可能會提醒你，你預設的結婚對象經常加班，你們見面的時間可能會很少（不過，這也可能是好事一樁）。請讓我再強調一次，你提問的方式真的很重要。與其問：「我應該結婚嗎？」不如問：「我的婚後生活會是怎樣？」

詢問他人對你的行為和幸福的看法，這不是軟弱，而是堅強的表現。你也懂得旁觀者清的道理，他們也能看清你是不是懷著錯誤的信念。此外，跟他人一起討論你和他們的幸福，也能促進他們感受到愉悅和目標感。

與你處境相似之人以及認識與你處境相似之人的人，都是徵詢意見的理想人選。當你想買車時，不需要詢問你的牙醫的意見。所以，你不需要問住在邁阿密的人，搬去阿拉斯加生活會不會快樂。在買車前，你可以詢問最近有買車的人的意見；在搬去阿拉斯加生活前，你詢問意見的對象應該是住在阿拉斯加的人或認識某個住在阿拉斯加的人。這個人的價值觀、信念、期望和經歷與你越相近，越適合提供你有關幸福的意見。擁有相似背景之人能影響你的行為，也可以引導你了解自己將來的感受。

總而言之，詢問身邊之人的意見是個很好的做法，藉此了解自己的注意力分配是否能帶給你最大的愉悅和目標感。他們還可協助你更仔細地檢視自身的感受。丹尼爾・康納曼在其著作《快思慢想》中強調，自我感受是無聲無息的（因為它被自我評估掩蓋過去了）。最近我跟康納曼吃午餐時，我們一致同意，他人更懂得傾聽我們的感受。

當身邊的人觀察你做某件事而感受到的愉悅和目標感時，他們可能更容易得出結論，建議你應該停止做那件事，因為那件事只帶你痛苦，而你卻誤以為有天情況會好轉。還記得我那位在電視台上班的朋友嗎？她很正面地看待這份工作，卻忽視這份工作每天帶給她的痛苦。我顯然比她看得更清楚，這份工作明明令她飽受折磨。所幸她在讀完本書草稿後，已經開始找新工作了。

讓身邊的人替你決定吧

不妨偶爾請值得信任的人替你做決定，從而去實現你的欲望、期望和信念。這麼做可以節省你的注意力能量，好放在其他的事物上。心理學家常提醒我們，一個決定的心理成本，極可能是取決於你有多少選項。當你面對多種選項時，你反而可能覺得心情很糟——這種情況就是「選擇的悖論」（paradox of choice）。[26]你會花多少時間，在25瓶洗髮精中挑出其中1瓶？如果你不確定某個決定的後果會怎樣，既然如此，不妨讓其他人替你抉擇，或讓他們幫你做決定，不失為更有效率的做法。因為其他選擇的後果會是怎樣，你也無從得知。或者，如果某件事的決定並不會對你產生太大影響，只要不是特別重大的事情，你就不必糾結哪種決定對你更有利。

我可以舉出另一個例子，來說明選擇越少對我越有利。每當我跟別人約好要一起吃晚餐時，我通常會讓對方決定我要點什麼來吃。認識我的人都知道我注重蛋白質攝取，只要餐點裡有豐富蛋白質，我就會很開心。從此我不必煩惱該點什麼菜餚，而且我還時常相當期待對方會替我點哪些菜。少了菜單分散我的注意力，我可以更專心地與對方聊天。這個做法對我來說效果很好，但要是每個人都這麼做就不太妙了，而且有些人已經覺得決定餐點很有壓力了，更何況要替別人點餐。不過，當面對不同的決定時，我們可以給予不同程度的控制權和委任權，從而建立有助改善幸福的策略。你也許可以考慮什麼時候由自己決定，以及什麼時候讓別人替你決定。

不必汲汲營營

想要獲得幸福，重點在於**不要太努力**。我認為這或許可以解釋為什麼我（指的是我的個人狀況）討厭參加「以幸福為主旨」的活動。我不喜歡酒吧有獎徵答之夜，也不愛主動參加卡拉OK聚會。我也不怎麼喜歡參加婚禮和生日會。這些都應該是令人開心的活動，但為了符合活動主旨，有時反而會帶來壓力，進而破壞我們本該得到的幸福感。所以，你不一定要汲汲營營。

而且，當你非常努力追求幸福卻還是沒有感受到幸福，你很可能因為沮喪而變得更不快樂（如果我去酒吧聽到那些人毀了搖滾樂和經典流行歌曲，我一定會覺得心情十分糟糕）。有些最暢銷的幸福相關書籍教我們如何轉念、採取積極正面的做法等——你可能也因此努力地鼓勵自己要有正面思維。可要是你沒有獲得立即的效果，你距離理想中的那個自己就會越來越遠，而這反而會使你增加痛苦。

我們有時也會努力降低痛苦。有研究發現過度在意最近經歷的重大創傷，只會讓自己難以掙脫極端且負面的情緒，然而只要我們不過度在意那些事，情緒便會漸漸緩和。[27]「積極創傷治療」（intensive trauma therapy），正如字面上的意思，是以破壞性的方式去找出問題所在，然而也可能是根本不存在的問題。儘管我們已經有足夠證據指出，在創傷發生後的首月內過度關注該事件會讓創傷情況惡化，但創傷受害者仍被要求——更符合現實的說法是被逼迫——應積極地接受心理治療，舉例來說美國911事件發生時，所有受該事件影響的第一線人員都被規定須接受心理治療。此外，許多研究人員發現人們時不時都需接納生活中的哀傷。哀傷是人類自然的反應，我們不能總是以醫病的方式，去對待這類情緒。[28]

既然我們容易在追求幸福的過程中犯下各種錯誤，再加上實現幸福的要領取決於我們的潛意識關注，我們不如別想太多。

有研究人員基於這個概念，展開一項有趣實驗。他們給實驗對象看一些刊登在徵婚廣告上的男性照片。這些徵婚廣告有一半是找異性對象，另一半是找同性對象。實驗對象要透過那些照片去辨別男性的性向，結果無論給他們看0.5秒還是10秒，他們正確猜出性向的比例幾乎一模一樣：在不同的限時條件下，實驗對象答對的比例大約是60%（這個結果高於50%，在統計學上是合理的猜測結果）。結論是，無論是運用潛意識的系統一還是有意識的系統二，成功判斷性向的機率都是差不多的。[29]

事實上，當面對某個決定時，如果你先稍微思考一下，然後一陣子不去想它，等回過頭來再次考慮時，也許會做出更好的決定。

現在想像面前有5張海報，你可以選擇1張海報帶回家。其中3張海報是抽象畫。然後，請你用其中一種方式，決定帶哪張海報回家：

- 同時看這5張海報，並立刻從中選1張；
- 同時看這5張海報，接著做7分半鐘的填字遊戲，再從中選1張；
- 或者一次看1張海報，仔細考慮後再從中選1張。

我猜，你可能想要有充分時間來選海報。這是一項在阿姆斯特丹大學所進行的實驗，參加實驗的學生也利用其中一種方式來選擇。研究人員三周後電訪那些學生，發現中途有玩填字遊戲的學生，比其他學生更滿意自己的選擇。[30]

比起選海報，買車是更複雜一些的決定。此時不妨也運用潛意識去處理一些相關訊息，比方說燃料消耗量、輪胎品質及汽車內裝，將有助做出決定。有另一項研究先是列出若干款汽車的優缺點，再隨機將實驗對象分成三組，並請他們依先前選擇海報的方式，來決定要買哪輛汽車。結果發現，中途有暫停思考決定的那組實驗對象，選擇最具優勢的那款車的機率，比其他兩組更高。為了弄清楚研究對象的大腦運作，研究人員在他們思考若干選項時，同時對他們進行核磁共振掃描，並發現大腦有不同區塊，正在同時進行有意識和潛意識思考，這表示當人們有意識地思考其他事情時，其潛意識也在同時處理有關先前收到的資訊。[31]

無論是選擇海報還是汽車的研究，實驗對象都明確地知道自己有多少時間可做出決定。然而在另一項實驗中，研究人員提供若干種樂透彩的投注資訊給實驗對象，比起有4分鐘可思考的實驗對象，得立即做出決定的實驗對象，會選擇賠率最好的樂透彩。[32]背景脈絡果然還是很重要的一環，我們相信接下來還會有更多相關研究證據，以及更精采的論述。

無論如何，當你在抉擇工作、房子或車子時，如果願意花點時間讓潛意識去思考，而不只是全程關注這件事，說不定你會做出更令自己幸福的決定。[33]下次在店裡挑選牆壁要刷成杏桃色還是粉紅色時，不妨試著暫停思考這件事，過陣子再做決定；下次你在網路商店看到幾件可愛毛衣時，不妨暫停一下去看看報紙或電視，也許等一下就能選出最適合你的毛衣了。

讓你更幸福的決定

錯誤的欲望、投射和信念都是很容易發生的問題，我們不如面對現實，接受它們會一再出現的可能性。不過，我們有更多方式可以導正，而你也可以直接地承擔決定的後果：你對某件事的注意力和行為都會影響你的感受，反之亦然。因此，如果能更精確地監視做決定之後的反饋所帶給自己的幸福感，你便得以做出更令自己幸福的決定。關鍵在於凸顯自己的反饋，進而彰顯自己與幸福感之間的關聯性。

如我們已經看到的，身邊的人也可協助你獲得幸福感。不過我還是想提醒你，我們也要懂得篩選旁人的聲音。很多人會告訴你，沒有任何事比實現目標更重要，比方說你的老闆會希望你達成每周業績目標，或你的另一半希望你接受薪水更好的那份工作。的確，一聽到你是為了薪水而換工作，他們肯定眼睛都不眨一下，因為他們很清楚你換工作的理由。可是，如果你的新工作薪水比較少，你的家人和朋友一定會問你為什麼要換。我們很難說服自己接受薪資倒退的工作，所以儘管你知道新工作會讓自己更幸福，但你幾乎不會願意換工作。比起根據無法衡量的因子（如與同事相處融洽，或工作更有成就感），可測量的實質因子（如薪資）更容易讓我們做決定。[34]因此，對於那些不考慮你將會付出多少努力才能達成目標，或目標將如何影響你的幸福感的意見，你要試著學習不去理會。

此外，要記得不必過度監督自己的幸福感反饋。你的注意力能量有時也需要歇一會。只要達成平衡狀態，除非有出現新的刺激或對你的影響改變了，你沒理由重新規畫幸福感製程。當你有意識地關注其他事情時，如果願意讓潛意識來替你消化資訊，有時說不定會做出更幸福的決定。

第六章

設計一個更幸福的生活

上一章的結尾提到，我們應留意潛意識關注對自身行為的影響。接下來，我們要正視該如何組織生活，才能有效地分配自己的潛意識關注，進而獲得幸福。

總歸一句話，由背景脈絡做主。「情境脈絡」以及內在心理因素對行為的影響一樣深刻，也是諾貝爾經濟學獎得主理查・塞勒（Richard Thaler）與法學者凱斯・桑思坦（Cass Sunstein）合著的《推出你的影響力》（*Nudge*）一書的核心概念。[1]這本書建議政策制定者應依循人類行為本質，同時以情境脈絡為推力，促進人們改變行為，而非硬性規定。

簡單來說，如果希望人們以特定方式行事，祕訣在於**把做法變得更簡單**。有一項以接種破傷風疫苗為例的經典實驗，研究人員發現光是用摺頁文宣向學生強調疫苗的重要性，不足以促使學生付諸行動，必須再加上一張地圖，標記出他們可去哪接種疫苗。[2]同理，如果不希望人們做某件事，那麼就應該增加做那件事的難度。不過儘管我們都懂得這個道理，但不代表人們會以這個原則，去設計政策。

我曾密切與英國政府合作，想要在健康、能源及賦稅等領域，改變大眾的行為，因此差不多在同一時間，我也跟同事合作發表了一篇標題是〈Mindspace〉的文章，探討如何透過改變情境，促成行為改變。取名「Mindspace」，是為了方便說明這九個字母，分別代表一種能改變行為的環節，藉此從潛意識去改變人們的行為。[3]根據一份由羅伯・梅特卡夫、伊沃・維勒夫和我所合作設計的清單，我們進而提出「Mindspace清單」，協助政策制定者檢查公共政策是否囊括這九大要素，以避免有任何遺漏之處。以下是這九大環節：

Messenger（訊息傳播者）	我們相當容易受傳播訊息之人的影響。
Incentives（誘因）	我們的心理捷徑，會塑造對誘因的回應。
Norms（社會規範）	我們會強烈地受他人行為的影響。
Defaults（預設默許）	我們會按照預設默許，而做出行為。
Salience（顯著）	我們關注的是新鮮且與我們有關的事物。
Priming（促發效應）	我們的行為經常受潛意識影響。
Affect（情感）	我們的情感聯繫，會深刻地形塑行為。
Commitments（承諾）	我們會努力實踐自己的公開承諾。
Ego（自我）	我們願意做能讓自己獲得好感的事。

你也可用這份檢查表，檢視自己的生活。在「Mindspace清單」中，「訊息傳播者」和「誘因」最適合用來設計公共政策；我在第四章提到錯誤的投射和錯誤的信念，分別代表的就是「情感」和「自我」，以及在第五章提到「顯著」是獲得幸福反饋的關鍵因子。所以，我們還有四個重要且環環相扣的因子需要列入考量，包括如何「促發」自己做出不同行為、設定自己的「預設默許」、履行自己許下的「承諾」、周圍有哪些「社會規範」以及如何利用這些因子去改變習慣。

商人會提供源源不絕的推動力，「促發」我們購買商品和服務。無論你原本去當地超市有沒有要買麵包，光是聞到剛出爐的麵包香味，就足以把你吸引到麵包架前。退休金計畫利用「預設默許」，提供退出機制以增加人們對退休金計畫的提撥金額；器官捐贈制度也利用「預設默許」，提供退出機制以提高器官捐贈的數量。[4]「承諾」被用來設計公共健康政策，比方說與吸菸者簽訂戒菸合約；「承諾」也被用來預防人們逃漏稅，讓納稅人在申報表的開頭處，而非在最末處簽名，從而降低不實申報的行為發生。[5]至於「社會規範」，美國歐電公司（Opower）對這方面曾實施過一些頗具創意的做法，於是羅伯・梅特卡夫和我參考這間新創公司的實際經驗，與英國能源公司合作，將自宅及鄰居使用能源的相關資料反饋給消費者。而根據最新數據顯示，「社會規範」使能源消耗率減少大約6%。[6]

只要在生活中妥善運用「促發效應」「預設默許」「承諾」和「社會規範」，我們不必過度思考，也能變得更快樂。你可以為自己設計一個更幸福的生活；如此一來，就可以節省自己的注意力能量，同時將注意力放在真正需要決定，或去做的事情上。

促發效應

如果你把房子整理得一塵不染，或者如果你的孩子能自行整理儀容，你會不會更幸福呢？你和孩子可透過一些簡單的物品，使自己輕鬆辦到這些事，比方說使用空氣清新劑。研究人員請兩組實驗對象，分別在沒有任何香味及有柑橘味芳香劑的房間吃餅乾；結果發現，在有柑橘味芳香劑房間吃餅乾的人，用手清理桌上餅乾碎屑的次數，是另一組的三倍之多。[7]此外，有項實驗請醫學系學生替病患檢查心悸情況，結果研究人員發現當空氣裡有柑橘味時，醫學系學生會更容易遵守規定，維持雙手的衛生。[8]

你也可以考慮運用光線，為自己設計幸福的景色。我們的生理時鐘取決於光線明暗，而人體體溫及荷爾蒙濃度起伏：如皮質醇（俗稱「壓力荷爾蒙」）、褪黑激素（有誘導睡眠作用的荷爾蒙），則負責調節我們的睡眠周期。[9]電子產品和節能燈泡會射出藍光，使我們的生理時鐘受到相當嚴重的影響，因為藍光會提振精神，進而抑制大腦分泌褪黑激素。[10]我知道這也許是老生常談，但在早上甚至白天增加光線，尤其是藍光，將有助提升警覺心；而在晚上就寢時，應該減少接觸光線，且試著不要在臥室裡充電手機。此外，工作時的光源要充足，如我的同事蘿拉·庫德納有一台可攜式日光燈，當她白天需要在漆黑的大學電腦教室裡分析數據時，就可以使用。

你還可以考慮透過自然環境，來營造幸福的生活空間。即便是透過窗戶欣賞，大自然也會吸引並維持我們的注意力，這是因為大自然的景色瞬息萬變，即便是難以察覺的變化，也能達到預防適應的效果。有研究發現，牢房裡有窗戶的犯人去監獄的醫療設施看病次數，比無窗戶的犯人來得少；選擇入住可看得到自然風景病房的手術病患，比只看得到磚牆的手術病患的康復速度更快。[11]我們似乎可得到一項簡單結論，那就是：**多出外走走**。要是你實在無法常出門，不妨買些植物或魚缸，這些都能幫你減緩壓力。[12]

如果想利用促發效應來減肥，可從接下來的實證研究來學習竅門。有研究發現把盤子裝滿食物是人的本能，無關盤子大小。[13]餐盤越大，我們吃得越多。因此，如果想減重，可以買小一點的盤子。透過有意識地購入小一點的盤子，從而「促發」想把盤子裝滿食物的潛意識行為。有研究提供不同大小的盤子給實驗對象用餐，結果拿到大盤子的人，比拿到小盤子的人吃下多三分之一分量的食物。[14]還有另一項研究證實，餐盤尺寸很重要，想像你受邀參加超級盃的派對，並在比賽開始前可以吃些點心。如果你拿到4公升的大碗，你將會比拿到2公升小碗的人吃得更多——平均多吃下140卡左右的熱量。[15]

此外，還要留意「溢出效應」(參考本書第三章內容)。美國600家餐廳為鼓勵老顧客均衡飲食，於是將有益健康的三明治列在菜單首頁，並將較不健康的餐點印在菜單背面(順帶一提，這跟前面提到人們會低估自己攝取的熱量是同一群人)。拿到這份新菜單而選擇吃有益健康的三明治的顧客，比沒拿到新菜單的顧客多了35%。實驗進行到這裡都算挺順利的，不過因為許多老顧客的附餐都點了薯條而非水果，所以高熱量的薯條完全抵銷他們選擇輕食而減少的熱量攝取。最後的結果是，新設計的菜單完全不影響整體熱量攝取。因此，為克服「溢出效應」，除了點有益健康的主餐之外，也許亦要約束自己點有益健康的附餐。

還記得前面提過，比起沒有運動習慣的人來說，我們往往會以「自己已非常努力健身」為由，反而允許自己吃更多。許多促進健康的行為，也會導致這類溢出效應。在一項有趣的實驗中，研究人員給一組學生吃綜合維他命片，給另一組學生吃維他命片但卻告訴他們吃的是安慰劑(不含有效成分的藥劑)。結果前組學生更容易做出無益健康的行為。其中，知道自己吃下綜合維他命片的學生在選擇餐點時，更喜歡吃自助餐，勝過吃有機餐點。[16]偶爾給予自己道德許可證是無傷大雅的，但假使某種行為會阻礙你更快樂，不妨設計你的環境來降低其影響。比方說，如果要報名健身房，不妨找間途中不會經過速食餐廳的。

你或許想知道，要是有意識地設計環境，改變環境還能有效地改變自己的潛意識行為嗎？如果為了少吃而刻意使用小碗，雖然你明白為什麼要買小一點的碗，可是你也可以替自己裝第二碗吧，那最後豈不是又吃了差不多分量的食物？還好有研究得出相反結論，從而坐實「促發效應」的效用。研究人員甚至已經證實安慰劑具有醫療效果，儘管人們知道自己吃的是安慰劑，安慰劑依然可發揮其字面上的作用。

有一項研究將80名大腸激躁症病患分為兩組。第一組病患拿到一罐藥瓶，上面標籤寫著「此安慰劑由糖丸製成。臨床實驗發現，透過心理自行治癒生理的過程，大腸激躁症狀可獲得明顯改善。」第二組病患則不會得到任何藥物或醫療治療。同時，兩組病患都經過同樣的醫生問診過程。經過三個禮拜後，研究人員發現第一組病患出現大腸激躁症狀，比第二組來得少。[17]

總而言之，這些研究足以證實，我們可光明正大地設計幸福。

預設默許

如果你的瀏覽器首頁是Facebook，你將花更多時間上網而非工作，且這是難以避免的事。大部分的人總是「隨波逐流」。總括來說，人類非常懶惰，按照預設方式做事通常能帶來一股安心感。**預設默許**（defaults）是種被動承諾，而且我們鮮少發現其存在。因此，我們需要微調自己的生活，以利我們隨波追逐更幸福的未來。比較有效的方法是，現在就運用一小部分的注意力資源，替未來可能需要投入大量注意力資源的事，設定自己的「預設默許」。

所以如果你習慣起床後第一件事就是打開Facebook，你可以試著改變這項預設默許。將首頁設為其他網頁，比方說新聞網站，並觀察看看接下來幾天，這項改變會對情緒產生什麼影響。花幾分鐘時間做不一樣的事，可能會讓你的幸福感產生溢出效應，甚至還可持續一整天。

如果你決定要少花點錢或存更多錢，現在有許多線上應用程式可供使用，當支出超過預算或銀行餘額過低時，這個程式會主動發出警告提示到手機。你也可利用設定銀行登入密碼，藉此提醒自己所做的決定，將會影響你的財務幸福感，或藉此提醒自己留意理財方式。當人們感受到負面情緒時，比方說「哀傷」「憂愁」及「心碎」，花錢買巧克力的意願會比沒有感受到負面情緒時來得低，所以購物狂可考慮使用這些詞，在最常光顧的網站設定登入密碼。[18]如果希望自己可減少查看電子郵件，不妨試試換成「dontcheckmeagain（不要再查看）」這樣的密碼。

預設自己要經常與喜歡的人相聚，這可能幫助你獲得更多的愉悅和目標感，以及改善你所做的一些決定。你也許已經不怎麼注意自己的房子，但受邀來你家做客的老朋友，說不定能讓你用嶄新角度審視自家餐廳。如果朋友住得比較遠，你們可預定在每周的某個時間聊天。如果你無法履行約定，可以選擇取消那一次的聊天約定。這就是我跟米格一起執行的策略，在英國時間每周四早上9點（伊維薩島早上10點）在Skype上聊天。這麼做不只鞏固了我們的友誼，也令我們都感到快樂（對他來說更是如此）。另一個「預設默許」自己要與他人碰面的做法是，為了某個工作專案或運動計畫而安排的聚會。如此一來，你不只會增加自己在做這些事的時間，而且要是有人在旁邊鼓勵你，你也會更賣力。所以下一段的內容，是接續此一概念。

承諾

許下諾言

告訴朋友你要戒菸，那麼你成功戒菸的機率會更高。我們希望自己言出必行。如果我們必須簽下書面承諾要加入路邊資源回收計畫，那麼實際參與活動的可能性，會比僅從其他管道（比方說傳單或電話）得知這個計畫來得高。[19]比起僅利用播客收聽減肥相關節目的人，在推特上宣布自己要減肥的人，成功機率比較高，而且每10則推文可帶來減少0.5%體重的效果；六個月下來的減重效果，相當於一位平均體重的美國男性可減去1磅左右（約0.4公斤）的體重。[20]

你想要承諾開始做某件事，或停止做某件事嗎？無論是哪種，重點是實踐承諾會讓你更幸福——但要是你做不到，也不會令你過度難受。比起較難以掌握成敗的承諾（比方說變得有錢或有名），較容易掌握成敗的承諾（比方說身體健康、交更多朋友）將使你獲得更多正面情緒。[21]這不表示無法掌控的目標都是錯誤的欲望。如果你可以接受失敗，即便無法達成目標，也比較能夠恢復情緒。

無論許下哪種承諾，先從**小地方**開始改變，不要給自己太大壓力。小目標比大目標容易實踐。要記住我們希望未來的行為能符合過去的行為，所以要先站穩現在這一階，才有辦法繼續往上爬。與其宣布「我要念完大學」，不如承諾明天要去上課，你會更有可能取得大學文憑。先讀完《馬克白》，再考慮自己會不會喜歡莎士比亞的作品；在你還不確定自己喜歡莎士比亞的風格之前，不要輕易允諾會讀完所有莎士比亞的作品。與其宣布「我要跑馬拉松」，不如允諾自己每個禮拜都要練習跑步兩次，你將來參加馬拉松比賽的機率將會更高。在這十年當中，我多次允諾自己每周增加重量訓練一磅，並持續六周，而這麼做使我練出不少肌肉。

我們可以靠**練習**，來降低小目標的難易度。為實踐承諾，我們要先了解自己的主要目標是什麼，再將其拆解為若干個容易掌握的次要目標，然後問問自己該怎麼做才能達成次要目標。正如我一再強調的重點，如果是做一件簡單的事，成功的機率會更高。因此，在達成大目標的過程中，想辦法讓自己達成每個小目標。你可以試試接下來的表格，我便是用這個方法來結交新朋友。

大目標	小目標	當下的目標
結交新朋友	參加可認識新朋友的社交聚會	打電話給已經認識的朋友

有證據指出，無論你已經「踏上旅程」，還是正在努力達成某個有明顯起點和終點的目標，運用**小數定律**（law of small numbers）可增加抵達終點的機會：簡單來說，與其說「已經走了八成的路程」或「還剩下八成的路要走」，不如告訴自己「已經走了二成的路程」或「還剩下二成的路程要走」，更能產生動力。有研究人員請韓國學生參加填寫子音的實驗，他們先請學生填寫前面幾道題目的子音（有研究指出，韓文子音測驗比英文難得多），然後在休息時間時，以小數定律的方式呈現測驗進度給學生，結果這些學生會更快

地回到測驗題目上。[22]小數定律可用來凸顯兌現承諾的進度。現在這本書還剩下30%的內容——聽起來很棒，對吧？

經濟學家經常提到，人們會對誘因做出反應，你還記得誘因是「mindspace」清單的九大環節之一吧。你有多少次買了某件商品，是因為剛好遇到五折促銷？在大多數但並非所有的情況下，如果做某件事可獲得金錢，你去做那件事的機率，會比要罰錢或課稅來得高。心理學告訴我們一個道理：人們的心態是，**比起獲得，損失的影響更大**——失去任何東西都會令我們非常難過，尤其是損失金錢。我們可從這個道理，去構思要許下哪些承諾。有個命名很巧妙的實驗，叫「用菸屁股存錢計畫」（Put Your Money Where Your Butt Is），研究人員替想戒菸的人開立活期存款帳戶，並要求他們在六個月內把錢存到這個戶頭。六個月結束後，這些實驗對象要做尿液檢測，藉此判斷他們是否成功戒菸。通過尿液檢測的人，才能把帳戶裡的錢領回來；反之，那些錢要捐給慈善機構。比起不靠任何方法戒菸的人，利用存錢來戒菸的人更可能成功。更令人驚訝的是，這些成功戒菸的人在十二個月後接受第二次尿檢時，大部分的人都沒有恢復吸菸習慣。[23]

無論傾向哪種做事風格，我們有時候挺自私的，所以時不時會為此感到愧疚。克服這份愧疚感的方法是，預先承諾要替自己存一些錢。這個做法符合促進幸福原則所提倡的「先付出，再消費」，也跟信用卡的道理一樣，而非反其道而行。[24]許多人為什麼會這麼喜歡「套裝旅遊行程」(all-inclusive holidays),「預先允諾讓自己放假」想必是其中原因之一。[25]所以,你可先將一部分收入存進自己的戶頭裡,之後每月花些錢到自己身上也不必感到愧疚。生活講究的是平衡,偶而只為自己著想,有什麼關係呢?

別怕食言而肥

有時候也要考慮是不是該放棄承諾——當你覺得打破承諾或停損,會是更好的做法時,更應該考慮這個選項。舉一個日常情況為例,假設正在電影院看一齣很無聊的電影,而且你不覺得後面的劇情會變得比較好看,你會在電影結束前起身離開嗎?如果花時間看場電影卻無法獲得幸福感,你應該要考慮離開電影院了。你在這間電影院所付出的時間和金錢都是**沉沒成本**(sunk cost)——已付出且無法收回的成本。既然如此,這些成本已經跟你接下來要做的事無關了,但你卻不這麼認為,對吧?你到達電影院、買票,接著坐在影廳觀賞這部電影,這些都是付出的成本,你認為這更像一筆**投資**,而非沉沒成本。於是,你希望投資可以回收——不然你不會還坐在位置上。這解釋了為什麼人們寧可維繫失敗的關係,或從事枯燥的工作。

如果你不願意將過去視為沉沒成本,長期下來就會越來越不幸福,甚至很可能會說「我真希望當初早點離開」,而不是「我真希望自己繼續撐下去」。每次當我晚上外出時，一旦浮現「我想回家」的念頭，便會立刻踏上回家的路，不過我得承認我花了好幾年時間，才讓自己學會要這麼做。如果我早幾年學會這麼做該有多好，所以希望你能比我更早明白這個道理。

應允承諾很重要，但**懂得何時應該放棄承諾，也同樣重要**。時間是寶貴的資源，你不應該浪費時間做著痛苦的事。然而，什麼時候該堅持或放棄，並沒有一個絕對的答案，所以這也是另一大難題。我的建議是，當開始認真思考要放棄時，應該加速從思考到採取行動的過程。我會這麼建議，是因為我會選擇離開電影院，而且也不會為這個決定感到後悔。不過，打破承諾也取決於我們的適應能力，我們既要懂得去理解已經發生的事，也會扼腕沒能發生的事。

如果你已經用了太多時間思考要不要放棄某件事，請不要在這件事上浪費更多時間。你也許不想承認，但有時舉手承認自己犯了錯，反而是更好的做法。

很多時候在感情方面，我們經常會把自己對另一半的負面感受當成是種動力，幫助我們去修補自己對另一半的觀感，以免讓那些負面感受影響這段感情。[26]講白了，這麼做只是強化自己對另一半抱持的錯誤觀感。這樣做是可以促進幸福，但有時反而對幸福不利。有時候，離開會是更好的決定。而如果你決定結束一段關係，你也要有心理準備，自己的心情會暫時進入低潮期。失戀的低潮期是必經過程，甚至有益健康。記住這一點，你才能杜絕自己「想復合」這段不順的感情關係之念頭。不過，你還是要走出去多與他人互動。社交生活活躍的人能更快走出失戀陰霾，也不太可能會出於寂寞，而回到舊情人身邊。

如果決定維繫這段感情，請把這個決定視為新立下的承諾，而非只是像過去那樣一味接受。這是一項積極的承諾，因為你允諾自己會努力接受另一半。我曾拒絕一些新的工作機會，這增添了我對目前工作的使命感，至少在短期內有這種效果。

有時愉悅和目標感之間的複雜關係，使我們更難以做出感情方面的決定。你可能為了獲得愉悅，想要展開一段新戀情，可是你也懷念舊戀情帶來的目標感，遂使你考慮自己該不該選擇復合。在我們的日常生活中，愉悅與目標感之間的平衡關係會不斷改變，感情關係亦是如此。因此，我們要試著從平常生活的感受中，將自己對目前情境的感受抽離出來。從愉悅及目標感的角度去設計你的承諾，如此一來，如果你是愉悅機器，請讓自己立下能帶來目標感的承諾（如答應替年長的鄰居整理草皮）；如果你是目標引擎，不妨立下能帶給你愉悅的承諾（如答應晚上跟朋友出去喝一杯）。

社會規範

現今的生活充斥各種資訊、科技和社交媒體，有助我們從許多人的經驗中學習。當我們預訂旅遊方案、飯店或餐廳時，也會參考他人的評價。至少在某種程度上，我們會信賴他人的評價，是因為他們擁有我們所沒有的經驗。所以，對於不熟悉的事，如果很多人都有這方面的經驗，我們就能參考普遍的心得，甚至是每個人的心得。經研究證實，群眾智慧可為我們提供更好的見解。[27]藉由我們的潛意識注意力，以及會把人們自動畫分成不同群體的特性，使得社會規範影響了我們的行為。[28]

身為群居動物的人類

周遭之人對你的影響程度，遠比想像更大。身為群居動物的人類，我們都希望別人會喜歡自己，也會按照他人的希望去做事。我們的潛意識，希望我們融入大家（即便你很清楚自己想成為一個獨特之人）。我們會自動且潛意識地模仿並吸收身邊之人的情緒。當你看見螢幕上的人物出現快樂和憤怒的表情時，即便那些表情變化快到讓你幾乎沒辦法看清他們的臉，你還是會跟著他們的情緒，露出微笑或皺眉的表情。[29]如果你嘗試用日記寫下自己的心情，以及你感受到的身邊之人的心情，你會發現自己和他人的情緒之間，存在密不可分的關係。[30]

研究人員甚至發現，當朋友感到高興時，他的心情很可能會傳染給你，而如果他恰巧就住在離家1哩（約1.6公里）的範圍內，傳播幸福感給你的可能性就會增加25%。[31]這也許是因為人們會分享感受：朋友之間能彼此感同身受，於是當其中一人心情不好時，其他人的心情也會變差，而且他們往往無從解釋自己心情變差的原因是什麼。不過，也有研究發現板球運動員會受到隊友心情的影響，但卻完全不會受到球隊成績表現的影響，這說明這種傳染效應，有時可能跟共享經驗無關。[32]

研究發現，如果你喜歡某個人，你的心情會特別容易被對方的情緒所牽動。[33]家人對你的幸福傳染效果最為明顯。研究人員調查55名青少年以及他們的父母，並在七天內不定時打電話詢問他們的心情，結果發現家庭成員的情緒存在很高的關聯性。這項實驗結果也指出，家庭成員會有類似的心情，其部分原因可歸咎於情緒傳染，特別是女兒的情緒會傳染給雙親。你可能會想問，為什麼？雖然我們尚未有確切證據，但我們猜測這可能是因為女兒會更常與父母溝通個人問題，而兒子則較少這麼做。[34]不管怎樣，顯然幸福是具傳染力的社交現象。

既然他人對我們的行為和幸福感很重要，當我們考慮換工作或搬家時，與家人、朋友的距離，也有必要納入考量。

此時不妨問自己一個問題：「對我的幸福感影響最大的人，住在哪裡？」由於我們長大後可能離開家鄉，加上通勤距離拉長，與朋友之間的距離也會越來越遠，進而侵蝕能與朋友相處的時間。[35]你可以參考下圖，畫出自己的「好友地圖」。這張地圖可協助你找出最在意的人，以及他們與你的距離有多遠。然後，試著利用這張地圖找出最常碰面的人，以及想想跟這些人相處的時間是不是最開心，從而重新整理自己的交友圈。說不定你會因此發現，身邊總是圍繞一群無法令你開心的損友。現在也有一些精緻的應用程式，可用來繪製好友地圖。

多虧社交媒體，重新賦予「朋友」另一種含意。Facebook上的好友與現實世界的朋友，同樣都能影響我們的行為和感受，因此你也需要好好盤點自己有哪些「朋友」。偶爾整理

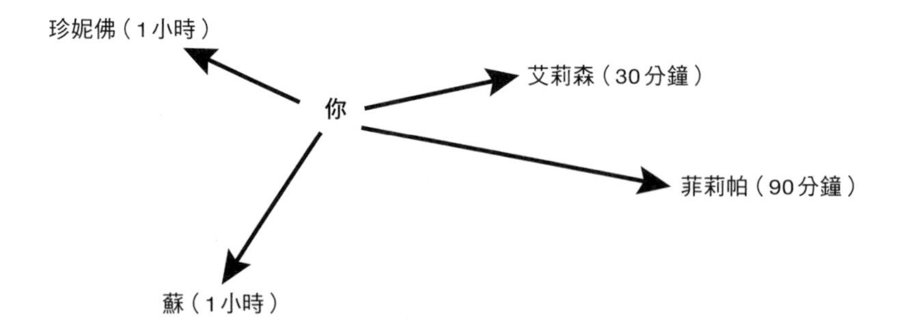

一下自己的Facebook好友清單，再次調整並重新啟動社交網路，將能帶給我們莫大幫助，從而釐清誰是你真正在意之人。正如你可能會時不時檢視自身財務狀況，你也應如法炮製地審視交友圈。

我之所以能從健身得到莫大的愉悅和目標感，無疑是因為我的健身教練擁有深厚經驗，後來他也成為我的好友。狄克西現年54歲，從事健身職業已三十多年。在這三十幾年間，他曾參加過無數國內外健身賽事，甚至多次拿下前三名佳績。他非常懂得如何鼓勵人們持續健身。要是你總是不怎麼情願去健身房（甚至可能抗拒這麼做），不妨給自己找位健身同好，這麼一來你們便可彼此鼓勵要多去健身房，並一起努力健身。

總之，如果你的生活缺乏愉悅感，可試著多與「愉悅機器」的人相處；如果缺乏目標感，則可試著多與「目標引擎」之人來往。你也許想知道，誰才是生活中最重要的人？不妨利用第一章提供的鐘擺圖，看看自己與哪種人住得比較近？跟哪種人更經常來往？他們是愉悅機器、目標引擎，還是「平衡愉悅和目標感之人」？最近我做了十分具有目標的事，甚至去健身房運動，所以每年只要有機會的話，我一定會跟「愉悅機器」米格一起找樂子。我比大部分的人更應該心存感謝的是，我有許多機會可選擇跟誰一起共事，可是當人們面對選擇時，他們可能對功成名就抱有錯誤的欲望，因而使許多人選擇與最可能推升事業的人來往。而我，總是選擇與喜歡的人一起共事。

找出與自己最合拍的朋友

我們會喜歡與自己較相似的人——然而，他們的成功也會對我們產生負面影響。有研究發現，隨著人們居住地區的平均收入增加時，其生活滿意度和愉悅感反而出現下滑現象。[36]身邊之人的收入就算沒有成長，也會對你產生負面影響——只要當你發現其他人都賺得比你多，光是這項認知，就足以對你造成影響了。研究人員近期依照加州頒布的知情權利法，提供一個網址給加州大學的員工，讓他們知道其他同事的薪水，結果員工的心情普遍變得更差了。在實驗對象看過網站上的內容後，那些收入低於均線的員工對工作的滿意度變得更低。[37]也許，這正是為什麼人們（尤其是英國人）不喜歡討論金錢的緣故。

然而，「相對收入效應」（relative income effect）無法用來解釋所有情況。在轉型經濟體中，與自己相似之人的收入越高，能增加我們對自身的生活滿意度，這是因為我們會把與自己相似之人的財務寬裕狀態視為一種機會訊號，使我們認為自己也有可能獲得如此高的收入。[38]有一項相當與眾不同的研究，卻得出相同結論，研究人員假裝要替非裔美國人做智商測驗，並跟他們說他們的分數比坐在隔壁的人更好或更差。當非裔美國人得知自己的分數比隔壁的白人更差時，他們表示自己的自信心降低了；然而，如果得知自己的分數比隔壁的黑人更好時，他們則表示自己的自信心提高。[39]

利用社會比較，找出與自己最合拍的朋友圈，藉此我們可透過俯視或仰望他們，讓我們獲益良多。每當有人問我，他們該怎麼做才能更快樂、更常做愛、減肥成功等問題，我的回答都是：去結交更幸福的朋友，同時刪除不幸福的朋友。我們要多結交性生活美滿的朋友，同時遠離那些不性福的人。我們要多結交身材穠纖合度的朋友，同時減少與體重過重的人來往，以此類推。

雖然我是半開玩笑地說，不過你應該仔細思量我的回答。想像當你最近性生活比較不頻繁，而你的朋友正不停向你炫耀他狂野的性生活。擁有更多性愛可能會讓你更幸福，但假如朋友比你擁有更多性愛（或者至少他們是這麼說的），他們的話也會讓你有點不開心。[40]同樣道理，假如你剛才點了一些外帶食物，此時朋友卻告訴你，節制飲食對他來說有多簡單，你聽了後也會不太開心。你可能讓自己變得更像朋友，好讓自己「贏」過對方；然而也有可能因為他比你表現得更好，使你覺得自己「輸」給他。如果你希望他人能提攜你，務必要確保自己不會因為嫉妒對方，反而使自己變得不幸福。篩選社會規範，將你的潛意識注意力放在對自己的合理預期。這麼一來，你才能防止自己眼高手低，從而造成自己更痛苦的下場。

關鍵在於你的自我預期，所以更應多留意你想成為——以及你能成為的那些人。首先，要記住幸福和痛苦都具有傳染力，所以應該盡力獲得更多幸福，同時努力避開痛苦。選擇正確的參考對象是第一要務。社群媒體賦予我們更多彈性，可篩選出適合的同儕。想一想你的Facebook好友，並試著排序你希望仿效他們哪些行為。但是，也別忘了現實面——如果你的朋友都是馬拉松選手或健身比賽冠軍，你想與他們比肩，只會帶來更多痛苦。

只需要一點努力，再經歷一些試驗和錯誤，我們應該就能找到值得參考的對象，並重新分配注意力來讓自己更快樂。我們對身邊之人的假設，將支配我們對幸福泉源的諸多看法。一旦你了解到這點，便得以重新配置你的社會規範。

設計變幸福的習慣

還記得之前提到，大腦會不停想方設法儲存注意力能量——讓我們的本質替自己行事。於是，我們大部分的行為都是習慣所致。習慣易改，本性難移，相信每個人都懂這個道理。形成「習慣迴路」的三步驟是：（一）**暗示**——大腦接收到進入自動模式的暗示；（二）**慣性行為**——生理行為或心理行為；（三）**獎勵**——決定此習慣迴路是否值得記下來。[41]一旦建立習慣迴路，就算後來你的動機和意圖轉變，習慣也很難說改就改。[42]

改變習慣最有效率的方式是，改變**慣性行為，不去理會暗示和獎勵**。假設你打算戒菸，有時工作令你感到壓力倍增，這就是暗示；抽菸能釋放壓力，這就是獎勵。因此，抽菸成為你的慣性行為，而且沒有其他比抽菸更有效的行為，能幫你擺脫或減輕壓力。所以別忘了先前提到的道理，要讓做好事變容易，首先要把做壞事變困難。比方說，上班時不要帶菸，也請同事答應不會分你菸抽。每當菸癮又發作時，你可以選擇喝茶。我知道一杯茶無法取代尼古丁，但只要持續這麼做，幾個禮拜後，你會發現喝茶已經足夠。

對各種事物成癮，是最難破除的習慣。除了生理或心理上的依賴，環境的影響也不容小覷。在我們的生活環境中，有各式各樣的外在暗示促進我們形成嗜癖，這說明了為什麼抽菸人士將來更容易對尼古丁成癮，而抽古柯鹼成癮的人比較少。[43]這不代表尼古丁比古柯鹼更容易使人上癮，而是因為人們之所以會使用某種藥物，不只取決於藥效，還會取決於個人及其生活背景。記得之前提到，我們的行為絕大部分取決於**有這麼做的機會**。我們已經知道對外承諾戒菸，將提高戒菸成功的機率，不過你也需要盡力消滅誘惑，比方說更常與不抽菸的人往來。[44]

有些習慣比尼古丁上癮更容易擺脫。有沒有發現自己正漸漸減少上健身房的頻率？不妨結交一位健身同好，每當你沒去運動，他就會打電話關心你。你也可以建立其他暗示，提醒自己要去運動。走進健身房的大門看似是最困難的部分，但這樣還不足以形成慣性行為，因為比起維持運動習慣，要再次停止運動是比較輕鬆的。維持運動習慣顯然是一種相當容易被放棄的行為。對這類「難以堅持的習慣」，你需要持續「灌注」推力給自己。你可以報名上下班途中會經過的健身房，接著養成運動的慣性行為——比方說，每天同一時間上健身房。只要上健身房的情境條件不變，持續上健身房兩個月後（養成習慣差不多需要兩個月的時間），你應該就能堅持下去。[45]

當我們的生活環境出現明顯變化時，比方說搬家或換工作，此時正是時候消滅根深柢固的習慣，因為可以重新設計環境[46]。在新的環境中，沒有那些令自己做出慣性行為的暗示。這也說明了為什麼比起美國本土吸食海洛因者，1971年越戰退役的軍人回美國一年後，他們能戒除吸食海洛因的習慣：因為越戰軍人的環境改變了，所以吸食海洛因的行為模式也隨之產生變化。[47]

有研究人員調查大學生轉學後的習慣變化，包括閱讀報紙、看電視及運動，他們發現當環境因轉學而產生變化時，他們會更傾向依照其意圖去改變原先的習慣。研究人員發現，當閱讀報紙從個人活動變成社交活動時，研究對象會想改變自己閱讀報紙的頻率，進而養成更頻繁閱讀報紙的習慣。當環境提供的暗示改變時，他們的習慣也會隨之變化。[48] 也就是說，**在改變重要的習慣之前，要先知道哪些行為可讓我們更幸福，並建立有利付諸實行的環境。**

想像某天你搬到新家，正在思考該如何擺放舊物。想要少看電視嗎？不妨把電視機裝在客房，不要像之前一樣擺在客廳。想要專心在家工作，不分心上網嗎？可把工作空間設在無線網路收不到訊號的地方，或提醒自己正在做一件重要的事。想要多走路嗎？不妨在離公司遠一點的地方租車位。想要少吃麥當勞嗎？可以試著多蒐集當地餐館的優惠券。當你在適應新環境時，不妨也試著設計新的情境暗示，幫助自己養成某種習慣，你會發現由於這些暗示對自身來說非常新鮮，所以更可能會堅持下去，從而鞏固這項行為。

設計更快樂的生活

獲得幸福的關鍵在於，找出符合自身本質的行事方式；且越容易做到，就越容易變得更快樂。我將幾個設計習慣的主要因子，列在下表，各位可參考並用來改變行為。你可以馬上試試看，或留著以後使用。我用這個表格，成功增加自己的閱讀量，這是我在2013年許下的新年願望之一。看起來養成做有目標的事，是比較容易實現的欲望。希望你也可以運用這個表格，幫助自己藉由設計生活，從而變得更快樂。

設計因子	想改變的行為 （如閱讀更多書）	你想改變的行為
促發效應	在每個房間放置書本	
預設默許	將書評網頁設為瀏覽器首頁	
承諾	跟有去書展的友人碰面	
社會規範	加入閱讀及書評的 Facebook社團	

我們都是生活在環境中的生物，所以必須仔細留意其他人的行為，因為我們有可能會做出同樣行為，或期望自己要向他們看齊。正如自然主義者觀察大自然環境中的動物那樣，我們必須更花時間觀察生活環境，看看自己和他人的行為舉止──少花時間詢問自己打算怎麼做，或為何那樣做的原因。與其如像脫口秀主持人大衛・賴特曼（David Letterman）那樣以諷刺時事為樂，不如向生物學家同時也是電視節目主持人的大衛・艾登堡（David Attenborough）那樣，學著觀察環境。

第七章

專注地實踐幸福

現在你已經知道哪些事會使你感到幸福，並懂得如何設計可獲得幸福的生活環境。接下來，我要教你把注意力聚焦在能令你感到幸福的事情上。我們應該要注意自己的行為，以及誰與我們待在一起，同時盡全力避免移開自己的注意力。

注意行為

在一般情況下，我們應該多注意自己的行為，不要分心去注意其他地方。當我們正在**經歷**某種感受時，我們會全神貫注，以致於忘了時間，甚至廢寢忘食。[1]想像正全心全意地觀賞一部好電影時，時光消逝如飛箭般迅速。當我們正在做一件有目標的事情時，我們的注意力只會放在當下的行為，而不會關心這股感受所持續的時間。我自知是個容易分心的人，所以我很肯定自己會那麼喜歡上健身房，原因之一在於這是少數能奪取我所有注意力的活動。

寧可花錢換取感受

如果注意自己的感受能令我們更幸福，那麼用金錢去買下美好的感受，也是合情合理之舉。實際上，大部分的人都會贊同花錢買經驗（比方說體驗一次直升機之旅），且比起購物（比方說平面電視），前者能帶給我們更多幸福感。[2]一般而言，對於某種經歷所帶來的幸福感，如果我們適應得比較慢，代表這種經歷影響我們的時間會較長。由於我們需要投入物來製造幸福感，而購物對幸福的影響力會迅速降低，但是在面對購物的選項時，因為我們正在思索可以買哪些產品，反而使那些選項更容易吸引注意力。

當我們有一筆錢，與其用來買新車，選擇請家人吃晚餐，就不會讓鄰居覺得自身過得很苦。[3]有研究人員曾進行過一系列研究，他們請實驗對象可在經驗（比方說度假）和物品（比方說電子產品）之中擇一。由於少了兩者間的社會比較情況，所以實驗對象不會與他人比較該選擇用錢買經驗或物品，才是更好的決定。[4]多花錢做事情並少花錢買東西，可讓我們重新決定並重設自己的參考對象，使我們不再與別人比較。你會發現，這麼做會令你更快樂。

而且，單只是與他人討論購買某種經驗，就已經比討論購物，更能使我們感到幸福。有一項實驗請一群互不認識的大學生，兩人一組並隨機安排每組的討論話題是購買經驗（打算花錢來獲得某種人生歷練），或者購物（打算花錢獲得某種物品）；結果發現，比起討論購物的組別，討論購買經驗的小組，更喜歡與人交談。因此，為了讓自己更樂於交談，不妨多聊一些自己做過或計畫去做的事，而不要聊你買過或打算要買的東西。此外，比起討論購物的小組，討論購買經驗的小組對彼此的印象也比較好，所以如果希望別人更喜歡你，更應該多聊聊自己的經驗。[5]

話雖如此，有時候花錢買經驗或購物的結果都不好，那麼人們便會覺得自己從這兩件事上獲得的幸福感一樣少。[6]會發生這種情況，絕大多數是期望所致。如果期望擁有自己的房子，那麼無法如願的話將令你感到痛苦，正如學生期許自己長大後能賺很多錢，如未能實現期許會導致他們對人生更不滿意。

值得一提的是，購買經驗和購物之間的區別，不一定總是一清二楚。十幾年前我有一輛漂亮的TVR Chimaera經典跑車。促使我買下的原因不勝枚舉，其中最主要的原因就是引擎所發出的轟轟聲。每次發動引擎時，我都忍不住莞爾一笑，而且這種愉悅的感覺會持續好一陣子。駕駛這輛車的感覺很棒（但車的馬力真的很強，所以後來導致出車禍，不過那是另一個故事）。汽車通常被歸類為物質消費，但我會購買，純粹是為了駕駛這輛跑車的體驗，我對它擁有許多美好回憶（甚至包括那次車禍）。正如生活中的大小事，我們需要求得平衡，所以一樣是花錢購物，不妨選擇花錢買能使我們得到經驗的物品。

改變注意力焦點

因為（無論是啤酒、披薩還是幸福的）邊際報酬遞減法則緣故，在最後階段的愉悅感對我們整體幸福的影響，都比不上一開始的目標感，反之亦然。這表示當我們從事某種令人感到愉悅的活動時，只要幸福感開始下滑，我們就應該去做有意義的事。同樣地，當從事有意義的活動時，只要幸福感開始衰退，就應該去做令人感到愉悅的事。這麼一來，只要一感到疲憊或分心時，你就會轉而先去做別的事，而也因為你不會對任何事都習以為常，所以你的注意力資源將用之不竭。不過，要記得專心做每一件事。我不是要你多工處理，因為多工處理，只會危害我們的幸福感。

在生活上，可利用注意力觀察不同面向，從而避免邊際報酬遞減對幸福感所造成的影響。以上下班通勤為例，可以偶爾走路或騎自行車上班，輪替通勤方式會讓這件事變得更有趣。[7]對於通勤距離較長的人來說，這種輪替通勤方式也許不可行，不過還是可以換另一種通勤方式，藉此將注意力放在不同的刺激上，進而增加通勤所帶給你的幸福感。當你搭火車或開車上班時，要注意聽到的聲音、你做的動作以及和你談話之人。我很幸運的是，從布萊頓到倫敦的路途雖然遙遠，但我可以利用搭火車的時間工作，所以我將痛苦的通勤時間，轉變為一個有目標的活動。如果你負責開車送小孩上學，可以趁這時考考他們九九乘法表（我有位研究員朋友名叫麗茲・普蘭克，她爸爸從她小時候就這麼做）。

要注意的是，在剛才的例子中，目標感都變成難以忽視的反饋，以取代痛苦的感受。當人們在做比較無趣的事情時，如排隊或候機，不妨透過聆聽音樂來獲得愉悅感，或者讀一本書以獲得目標感。如果你想要聊天，可以找身邊的陌生人攀談。你也許已經在做這些事了，那麼大可參考我的建議，常常提醒自己要繼續這麼做。**要是不能改變你做的事，那就改變你的注意力焦點吧！**

現在我們已經知道，在做出選擇前休息一下，會有助做出更好的決定。同樣地，有時候暫停做某件事，等到再重新開始做那件事時，甚至能提升幸福感。想像你可以選擇看有廣告或沒廣告的電視節目。我敢打賭你會選擇看沒廣告的電視節目，我的選擇跟你一樣。但有研究人員隨機分配研究對象，進行看電視的實驗，結果發現被分配到看有廣告的電視節目的人，會更開心——研究人員跟我們一樣，都沒料到廣告會有這樣的效果。[8]與日常活動相比，電視節目休息時間之所以會造成相反的分心效果，是因為大部分的電視節目，都是刻意挪出打廣告的「間斷」時間：電視節目會營造懸念氛圍，接著穿插數則廣告，而這幾分鐘反而使人們更迫不及待關心接下來的劇情，從而增添繼續收看節目的幸福感。

此外，暫停的方式也會影響表現。有研究人員為證實這一點，邀請145名來自加州大學聖塔芭芭拉分校的學生參與實驗。每位學生都要完成名為「非常用途」(unusual uses)的任務，也就是針對一種平凡物品，比方說磚塊，發想出各種富創意的用途。然後，學生會休息一會。在休息時間，有部分學生要參加另一項很簡單的任務，他們要看著螢幕上的彩色數字，並指出數字是奇數或偶數；接著研究人員會請他們繼續做「非常用途」任務，結果第二次做出的結果是最好的，因為他們沒有過度使用大腦。正如英國童話《三隻小熊》中的主角金髮姑娘，需要慢慢花些時間做出最佳選擇，適當的休息時間能讓腦力發揮更大作用。[9]羅伯・梅特卡夫和我的研究已經證實，創造力能令人更加幸福，當我們利用注意力資源去處理很簡單的事情時，不僅可促進幸福，還能豐富想像力。[10]

如果你覺得冒險一點也無妨，可以嘗試獲得新的經驗。先從小地方開始，並觀察一下情況。早上轉到其他電台收聽不同風格的音樂；買票去看從未看過但深受好評的舞台劇等，諸如此類。這些事情將吸引你的注意力，從而促進幸福感——但要是這些事沒辦法令你更幸福，那就別再繼續下去，不如嘗試做其他事。你也可以試著結識新朋友，並與他們一起創造新的經驗。有研究指出，結識新朋友能讓人的創造力更加豐富，進而促進幸福感：創業家透過拓展社交網路，多結交家人及朋友圈以外的人士，有助刺激創意，於是申請專利的機會也隨之增加。[11]

就算沒有獲得上述所提到的好處，新的經驗也會讓你覺得時間流逝得更慢。對小孩子而言，感覺時間過得更慢的部分原因，是因為他們總是持續地得到新經驗。[12]有研究發現，當10歲小孩在累積新經驗時，會覺得1分鐘過得比2分鐘更長。[13]這表示我們的大腦是根據所發生的事件數量來計算時間，所以當環境中發生的事情越多，就會覺得時間越長。如果讓你每次花30秒看完6張投影片，以及讓你每次花6秒看完30張投影片，儘管兩種看投影片的方式所花費的時間一樣多，可是你卻會覺得看完30張投影片的時間更長。[14]這項實驗結果替我們解釋了，為什麼在開會時會覺得時間過得飛快，但坐在辦公桌時又覺得時間過得緩慢。

擁有「個性外向且勇於接受新經驗」的人，生活滿意度會比較高，較常處於正面情緒。[15]沒錯，你也許會說這樣真好，可要是你不是那種外向型的人呢？我們會需要多一點推力，促使自己去嘗試新事物，但最糟糕的情況會不會發生呢？如果你不喜歡這次的新體驗，那就應該要停止。我曾經嘗試過吃馬麥醬（Marmite）*，卻發現自己超級討厭它。不過至少現在我知道馬麥醬的味道十分難吃。正如我一直以來強調的，注意力很重要。假如是好的新經驗，可以多注意其中的愉悅和目標感；反之，也可以從不好的新經驗中汲取教訓。

更多的幸福催化劑

為了能夠活得更快樂，我們可以留心一些明顯、卻有時被遺忘的刺激。其中最重要的刺激之一，是**聆聽音樂**。音樂是人類幾千年文化的一部分，從婚慶喪葬場合到音樂慶典、快閃行動，音樂都是最主要的刺激。哲學家尼采曾指出，我們會用身體聆聽音樂，會情不自禁地隨著音樂搖擺，不管是用腳打拍子或輕輕搖晃身體。音樂能使人們敞開心胸，並強烈地影響大腦中與正向情緒和記憶有關的區塊，沒有任何事物比得上音樂對幸福製程的影響。[16]

音樂還可用來治療心臟疾病、中風、創傷後壓力症候群以及有情緒疾病和行為問題的孩童。[17]對語言刺激沒有反應的阿茲海默症患者，卻會對音樂的刺激有反應；音樂還可幫助妥瑞症患者減緩抽搐情況。[18]英國軍隊利用音樂，成功治癒越戰老兵的戰後創傷。聆聽音樂還可緩和認知失調：比起

---

* 一種使用啤酒釀造過程中最後沉澱堆積的酵母所製作的醬料，主要在英國及紐西蘭生產，含有豐富維生素B。

在安靜的空間裡玩玩具，在有音樂的環境下，只能玩一種玩具的孩子，比其他孩子更不會去貶低另一種玩具的價值。音樂療法也可以帶給你更多快樂，而且這種療法肯定比購物療法便宜。

我的父母提供我欣賞音樂的環境，為此我十分感謝他們，也希望我的小孩也能在同樣的環境中長大，用音樂去宣洩情緒。音樂也算是我的初戀，小學時期我很喜歡聽流行樂和迪斯可音樂；上了中學後我喜歡上靈魂樂；大學時期到二十歲出頭時，我喜歡聽獨立樂團的音樂；後來直到三十歲出頭我熱愛聽舞曲，這些都是我過去幾十年來的音樂喜好。因此，我花在音樂的錢相當可觀，購買錄音帶、光碟、演唱會門票，這些錢也花得特別值得。節奏樂團（The Jam）是我畢生最愛的樂團，其次是無信念合唱團（Faithless），不過我其實一直緊跟最新音樂潮流，我會一直熱愛音樂直到失去聽力為止。理所當然地，我也會努力將我的音樂品味，灌輸給兩個孩子，帕琵和史丹利。

不妨試著先把這本書放在一旁，找出你最喜歡的那首歌，專心聆聽，然後觀察自己聆聽這首歌，跟聽完後的感覺。如果不常播放音樂，可參考第六章提到有關設計幸福環境的內容。可以從手機上下載音樂應用程式，或在浴室放一台防水收音機。至於如何建立「預設默許」？買一台鬧鐘收音機，或在關閉汽車引擎前不要關掉音響，這麼一來下次發動引擎時，音響就會立刻播放音樂。接下來，要做出什麼樣的「承諾」呢？不妨在日程表中寫下「音樂時間」，或預留「音樂零用金」來買演唱會門票或上吉他課。最後，能運用哪些「社會規範」呢？可以考慮優先選擇跟喜歡音樂的朋友聚在一起，或透過音樂分享應用程式，結交更多新朋友。

還有，不要低估**幽默**的影響力。看20分鐘喜劇片，帶給我們的紓壓效果相當於在跑步機上跑20分鐘。[19]看1小時的搞笑影片足以使血液中的抗體增生，有助人體對抗感染長達12小時，而且還能活化「自然殺手細胞」，來鎖定受感染細胞及腫瘤細胞。[20]有研究還發現，笑聲能促進肌肉放鬆：如果讓人們事先聽一段笑聲的錄音，他們待會接受電擊治療時，比較不會焦慮。[21]因此，在打針或在面試工作前，不妨考慮讓自己先笑一笑。

幽默感也被證實可化解老年人的孤獨感及痛苦。[22]幽默感有助克服人生的考驗及試煉，尤其是在醫院和第一線救援行動的工作者，開開玩笑能有效幫助他們面對高壓的工作環境。[23]幽默感還能促進社會整合。幼兒潛能開發課程是一種專為幼兒開設的課程，倘若潛能開發課程的工作者展現出幽默感，那麼孩子的父親會更積極參與活動。[24]

顯然，笑聲能令我們更快樂。可是，我們卻總是不記得這項顯而易見的事實。所以，我們要再次運用設計幸福環境的幾項原則。我會鼓勵同事設計一些趣味的郵件答覆文字，在他們暫停辦公期間，系統會自動回覆郵件，每次我收到這些信件時，都會不禁莞爾一笑。至於「預設默許」，不妨預錄自己喜歡的喜劇片，以備在心情不佳時後觀賞。也可找朋友一起看喜劇片，與笑點相近的朋友聚在一起，能為你製造更多歡笑聲。

儘管你我的笑點可能不同，但幽默跟音樂一樣，幾乎可為所有人帶來愉悅感。[25]我想不到有什麼能讓所有人都感到有目標感的活動，但毋庸置疑的是，我們必須對自己在做的事感興趣——維持對某件事的興趣很重要，而不只是關心最終結果。

維持正念

或許有人期待此書會提及**正念**（mindfulness）。正念訓練，是指維持覺察力，並養成關注當下的能力。正念是從傳統認知行為治療中，衍伸出來的一種療法。「認知行為治療」（cognitive behavioral therapy）屬於談話治療，是利用集中注意力於「當下」來解決情緒、認知及行為失常等問題，而不是反省他時或他地所發生的事情。有些最有效果的認知行為治療方式相當「溫和」，如請患者隨時記錄當下的念頭。[26]

正念為認知行為治療法增添更多新奇的心理學方法，比方說**冥想**。正念使我們加倍注意自己的呼吸和身體，同時更深刻覺察並接納自己的想法和感覺。與其改變想法，正念幫助我們改變表達想法的方式。[27]最有效的正念訓練之一，是有意識地重新定位注意力。凝聚注意力在單一事情上，如呼吸；接著放開注意力去觀察環境中的一切，包括平時可能沒注意到的事物，如風聲或時鐘的滴答聲。透過凝聚注意力及敞開心胸觀察環境，能有效調節情緒，並防止憂鬱症再度發作。[28]

正念確實有其效用，不過我認為必須有兩個原因，才能使正念發揮功效：一，在做正念訓練時，必須是自己決定想做；二，必須付出相當程度的努力。由於本書探討的方法是關注脈絡背景，而不是由認知驅使行動，所以你或你身邊的人會影響自己的環境，只要注意周圍的脈絡，就可以隨著本性去生活。正如我向來建議的，輕推系統一，會比猛推系統二來得更省力又有效。我非常樂見你可以消化這些行為概念，從而實踐更生活化的認知行為治療法，及正念訓練。

選擇來往的人

有一種方法，肯定能令我們更快樂：**多與自己喜歡的人相處。**

有諸多證據顯示跟自己喜歡之人、在意之人一起做事，與自身是否感到幸福存在強烈正相關性。雖然信仰認同已足使宗教人士對自身生活感到滿意，但其實擁有某種宗教信仰能活化社交接觸機會，進而推升人們的生活滿意度。[29]和其他人待在一起，也有助我們克服各種挑戰，有研究發現如果失去丈夫的寡婦能得到社會支持，她們會更快從喪偶的傷痛中走出來。[30]朋友能使我們更幸福，不只是因為他們和你待在一起，更是因為朋友令你覺得自己很重要。[31]

還記得第二章的數據嗎？當我們從事各種活動時，不同類型的人能帶給我們的愉悅和目標感之程度也不一樣。為使上下班通勤更有目標感，不妨試試與同事共乘。找親人一起到外面用餐或規畫一段親子相處時間，可讓你們從這些活動中獲得更多愉悅感。大部分的人只是陪孩子一起做家事然後看電視，便已有助提升愉悅感。就萊絲和我的經驗來說，我們最好一起照顧孩子；可以的話，跟其他父母一起照顧孩子會更好。

要是這些數據，還沒能說服你與他人一起做事的好處，那麼請試著回答這個簡單問題：如果讓你每天最少有20分鐘，可以跟自己喜歡的人待在一起，或者跟他們講電話，你會不會覺得更快樂呢？如果讓我回答，答案會是肯定的，畢竟光是與喜歡的人待在一起，就是件令人幸福的事。順帶一提，我不確定每個人都會認為加薪1萬塊能讓人更快樂。當然1萬塊也許不是個小數目，但額外的1萬塊無法使所有人都變得更快樂。

那為什麼許多人會說自己沒時間呢？正如之前討論的，我認為這個說詞，與我們誤以為自己有多少可支配時間，脫不了關係。我們每天醒著的時間超過1000分鐘，而我們卻說自己抽不出20分鐘來做某件事，但我們真正想表達的意思是：因為那件事並非該優先處理的項目，所以才沒時間去做。太多與幸福相關的書籍告訴我們要多預留時間給別人，但光是排訂計畫就需要花時間，而我們總是不乏有更重要的事要做，所以只能一再拖延，無法好好安排時間。這恰巧跟我在此書的觀察一致，因此，該怎麼做才能毋需刻意「安排」，就能「找到」更多時間與他人待在一起，是值得深思的議題。

所以，與其使用辦公室鄰近座位的廁所，不如使用走廊盡頭的廁所吧！這麼一來，你可以多走幾步路，還有機會跟同事隨興地說說話。位於美國加州愛莫利維爾市的皮克斯公司（Pixar），該公司的管理層曾做過一項創新實驗，他們重新規畫辦公大樓的環境設置，決定只保留一間廁所供大家使用，所以當員工想上廁所時，都必須走向同一個地方。[32]管理層期望這個設計能讓員工彼此多交流，從而活絡整個辦公室的社交氣氛。結果證實這個方法不僅有效，更促進創意發想。

值得一提的是，即便是內向的人與喜歡之人待在一起，也會覺得自己變得更快樂。內向與外向是很廣泛的性格分類，其涵蓋多種個人立場及行為，如是否願意有社交互動。基本上外向的人會更願意與人來往。外向的個性是這個世界主要的設計取向，比方說上課及工作時會需要分組合作。不過內向的人依然能從社交互動中受益，他們對平衡的定義與外向的人不同，而且他們比較難以忍受不愉快的社交場合。[33]

別被干擾，一心一用

懂得以最理想方式分配注意力，必然可獲得最大的幸福感。然而，大部分的人距離這個理想都尚有一段距離。造成這個問題的關鍵在於，儘管知道應該關注自身感受，但我們卻會分心。分心跟休息是兩回事。分心可能來自被沒來由的念頭打斷原先的思緒，比方說突然想不起來剛才有沒有關車燈，或今年夏天想去哪度假。分心也可能來自外在刺激，比方說有人跟你說話，或收到電子郵件。而休息是刻意允許發生的情況，正如前面所提到的，在必要時休息有助激發創意。可是分心沒有這個作用，所以要是你聽到別人說「分心是好事」，他們真正想說的意思是：刻意的休息是好事。

分心的代價

分心會對幸福感造成損害，因為分心會導致**轉換成本**（switching costs）。轉換成本是指將注意力從一項任務，移到另一項任務所須的注意力能量。[34]每次轉移注意力，大腦都會重新鎖定方向，使我們的心理資源負荷加重。當你中斷當下的動作而轉去發簡訊、推特或電子郵件，其實更換你正在做的事也需耗費注意力能量。如果經常這麼做，你的注意力能量將會快速減少，導致越來越難以集中注意力去關注你想做的事。假設你打算做一件令人愉悅又（或）有目標感的事，但你能付出的注意力能量有限，結果這件事將會使你沒那麼快樂。

一心多用也會使你更不快樂，甚至導致效率變低。最近有項研究調查218名荷蘭學生，實驗設定是在24分鐘內，完成一篇數獨及字謎遊戲。實驗對象隨機分為三組，每組學生須按照指定方式完成實驗：第一組學生要同時做數獨以及字謎；第二組學生可隨意切換自己要做數獨或字謎；第三組學生要先完成數獨，接著才做字謎。答對每格數獨和每題字謎可得到1分。計算結果是第一組學生得分最低；第三組學生得分最高。[35]這些結果告訴我們，明確的工作計畫有利提升做事效率，所以一心多用聽起來好像很厲害，但其實只會使人犯傻。

然而，一心多用會使我們**自以為**做事有效率，反而對自身產生錯誤信念。這也恰巧說明為什麼還有那麼多人總是一心多用。[36]要記得，如果能專心致志地一次做好一件事，你的感受甚至會更好——而且可能因此做完更多事。一心多用相當費力，而且不值得你這麼做。這也是我從不使用投影片授課的原因，好讓學生不必在投影片和我的聲音之間切換注意力，從而減少浪費注意力資源。順帶一提，這也可用來說明學生的適應能力。在學期剛開始時，我的學生明顯會感到不安，但在學期結束後需要學生評論課程優劣時，授課不使用投影片，也是最多人提到的優點。

在現代社會中，分心的代價逐漸顯著。科技進步帶來諸多好處，包括國民所得成長、消費產品價格降低以及更高的生活滿意度。[37]我的學術職涯發展也變得更輕鬆，畢竟我能隨時下載學術文章，再也不必抱著一大堆書籍和文獻。可是現代科技也讓我們付出相對應的代價，其中最大的代價就是：分心。最近有項研究發現，美國企業因分心而付出的代價，估計約達每年6000億美元。[38]知識管理專家湯瑪士・傑克森（Thomas Jackson）因花了近二十年時間收發電子郵件，所以自稱「電子郵件博士」，他估計光是收發電子郵件，就讓英國企業須承擔的成本來到每名員工每年1萬英鎊，相當於13600美元。[39]

有研究發現，比起閱讀紙本內容，在閱讀有外部連結的網路文章時，即便沒有點開外部連結，也會導致人們對文章內容更容易感到疑惑。[40]造成疑惑的原因很單純，外部連結會迫使讀者的大腦決定要不要點選連結，而這種想法本身就會令人分心。比起擅長「深度閱讀及思考」的神經迴路，閱讀網路文章會使負責「略讀」的神經迴路越加敏銳。於是就算後續閱讀紙本內容，你本來可從中得到愉悅和目標感，但因大腦已習慣去注意不需注意的地方，結果反而是白白浪費時間。

如果還需要更多證據證明分心的代價，不妨想想為何若父母經常被網路、簡訊和電子郵件分散注意力及幼齡兒童意外事故機率增加，兩者間會存在正相關性。這項調查結果指出，父母因分心而改變了幼兒意外事故機率長期下滑之趨勢；相比之下，隨著年齡增長，兒童意外事故機率則會逐漸降低。[41]或者，有研究人員利用更多實驗設定來模擬行人穿越馬路時，三種行為與交通事故之因果關係：（一）邊走邊講電話；（二）邊走邊打簡訊；以及（三）邊走邊聽音樂。你認為哪種行為，最容易令人分心？實驗結果指出，第二種及第三種行為，最容易導致行人穿越馬路時被車撞，不過當然這三種狀況都比不上專心注意路況來得更安全。[42]此外，有實驗模擬人們路上駕車情況，要求駕駛切換其注意力，一邊注意前方車輛的剎車燈亮並踩下剎車，一邊計算駕車期間的響鈴次數，結果證實切換注意力會延遲駕駛的剎車反應，致使剎車距離增加至16公尺。[43]下次換你開車上路時，最好記住這個距離。

金錢的影響

隨著我們越來越需要時間，可能更難做到一心一用。當你變得更富有，你會賦予時間更高的價值。我們之所以會認為時間或任何東西越來越有價值，就是因為認為那樣東西越來越稀罕，進而更加重視。儘管工作內容都一樣，與每分鐘只能賺0.15美元相比，若每分鐘可賺1.5美元，就會使你更深刻地感受到時間的壓力。[44]事實上，研究人員還發現只要關注自身經濟情況，就能令個人感受到時間壓力。跟假設存款金未達40萬美元以上者就是貧窮人士相比，假設存款金達500美元以上者就可被視為富裕人士，則後者便會覺得「自己今天備感時間壓力」。

把時間視為金錢的想法，也會影響休閒活動帶給我們的愉悅感受。想像你被訪問幾個關於去年收入的問題，而你的朋友也回答同樣問題，並額外被問到時薪是多少。接著，你們會聽到歌劇《拉克美》（*Lakme*）其中一段時長86秒的歌曲：〈花之二重唱〉（*The Flower Duet*）。你覺得誰會比較享受這首歌曲？以及誰更有耐心聽完？答案是你——因為你的朋友剛才被問到時薪，也使他更在意這件事。當研究人員調查實驗對象在玩線上遊戲的感受時，也得到相同結果。[45]這些實驗告訴我們，**如果不去注意自己做的事，而是注意時間（尤其是將時間視為金錢），就會使自己反而更不快樂**。所以我要再強調一次，我們要試著集中注意力做當下的事情，包括改掉不時查看時間的習慣。舉例來說，當我不工作陪孩子玩時，我會盡量不去管自己用了多少時間。

不只如此，當你擁有更多金錢，就會容易以時間為出發點，去思考該如何使用這筆錢，比方說更長的假期。富人一有時間就度假，不是嗎？實際上美國1960至1970年代期間度假風氣確實盛行，但從1980年代起，社會便開始出現某種有趣轉變。大學文憑成為一道分水嶺，比起教育程度在大學以下的人，以上的反而擁有更少閒暇時間。儘管自1980年代起，美國貧富階層的收入差距不斷擴大，閒暇時間的差距也同樣增加，不過反而是收入較低者的時間更充裕。[46]

結果，縱使富人當時的年收入超過75000美元，心情卻也不見得會變更好——就算變得更有錢，也沒時間去換取幸福。注意時間或金錢有多稀罕，就會鞏固我們決心要以將來為代價，換取現在擁有更多稀少資源。我舉一個實驗來證明這點，研究人員隨機替實驗對象分組，並給予他們不同時間限制來回答一些簡單問題，接著進行第二次隨機分組時，將他們分成能否得以用將來時間為代價，換取更多答題時間。在第一次實驗中，一組有300秒可答題，另一組有1000秒。在第二次實驗中，作答時間較不足的組別，平均願意挪用22%的預算時間（即66秒）來回答題目；作答時間較充裕的組別，則平均願意挪用8%的預算時間（即80秒）來回答題目。你也許已經想到實驗結果，無論他們可挪用多少時間，作答時間越充裕，則分數就會越高。但其實表現最好的，反而是作答時間較不足且不能挪用時間的組別。簡單來說，因為知道自己當下擁有較少作答時間，反而使他們表現得更好。如果某種資源變得稀罕，我們也會做出類似行為。[47]

總而言之，我希望大家不要過度注意金錢。我的家庭教育是，如果當下的情況要求我們必須珍惜每一分錢時，那麼金錢的確十分重要；但在其他情況下，錢財乃身外之物。當然，金錢是很重要的，而且我們都應尊重金錢，但我們不能把金錢看得比生命還重要。我們絕對不能為了追求金錢，把生活過得一團糟。羅伯．梅特卡夫和我共同研究發現，儘管窮人比有錢人更常思考錢的問題，可是有錢人更容易因為跟錢有關的負面思緒，反而覺得自己過得不幸福。[48]

大腦到底恍神到哪去了？

有證據指出，無論大腦在思考錢或任何事，我們都常常會恍神，所以如果有人一天被隨機抽問自己在想什麼，你會發現他們有三分之一時間都在恍神。[49]大腦似乎十分容易恍神：透過腦造影進行的腦神經研究證實，當大腦皮質的某一區塊在活躍時，人就更容易恍神——而且那裡的神經網路也是負責讓大腦休息的區塊。[50]恍神，究竟算是人類的適應性演化，還是錯誤性演化，實在難以區別；儘管大腦允許你恍神，但不代表你應該允許自己恍神。由於我們的祖先不知道下一餐何時才有著落，所以我們可以吃得多，這是演化遺傳使然，但不代表一定得這麼做。[51]以上介紹大腦構造解釋恍神的發生經過，希望有助你克服恍神，並從此不必再為恍神而煩惱。

如果我們從當下感受跳脫到更糟糕的心理狀態，肯定會覺得自己更不快樂，比方說你已經在開一場無法脫身的會議，席間卻開始擔心自己的驗血結果。然而，即便是正面的侵入性思緒，比方說在開會期間想著未來的度假計畫，你也可能會變得更不快樂。[52]

不過，獲得幸福的關鍵在於情境脈絡。我有一把電動牙刷，每次使用刷頭會自動轉動2分鐘。每當我把注意力放在清潔牙齒上，這2分鐘感覺度秒如年，我總等不及時間快點結束。可是當我開始想著其他事，反而會覺得2分鐘瞬間即逝，所以我樂見自己恍神2分鐘。

接下來，我們來談談負面的侵入性思緒，它總是破壞我們的幸福。大部分相關研究證據，都來自臨床觀察或訪問曾遭遇某種創傷事件者，如失去心愛之人：其中一份研究發現，在失去親屬後的一個月內，越常想起這件事的男性，越難平復心情；而且比起鮮少有負面侵入性思緒的人，一年後經常有負面侵入性思緒的人情緒會較低落。[53]

為近一步探討侵入性思緒對健康狀況評估的影響（如果你還記得，這是我側重的學術研究議題），我訪問超過1000

名美國民眾。我先請他們自評目前的身體狀況，接著問他們每隔多久會關心自身健康問題，以及他們認為某個健康問題有多嚴重。最後，我問他們如果可根除某個健康問題，他們會願意用多少年的壽命為代價。我發現比起實際的疾病診斷，那些調查對象想起健康問題的頻率及嚴重程度，會促使他們付出更多的壽命以換回健康。這份研究結果再次凸顯注意力的重要性，當我們越關注某件事，其影響力則越大，超過客觀事實對我們的影響力。[54]

如果不想自己開始擔心或想起某些事，不妨嘗試一些方法，重新集中注意力，藉此避免大腦恍神。有一種流傳已久的做法，就是一一列出煩惱，並把煩惱區分為「可控制」和「不可控制」兩大類，從而幫助自己不再擔心不可控制的煩惱。[55]不妨試著寫下一個月前有哪些煩惱，接著先擺在一旁，等一年過後再查看，會發現很可能早就不記得那些事了。即便還記得，你也可能已經不在意那些事。

我們太常擔心尚未發生的事，有時也會擔心一些已經發生的事。相較之下，我們鮮少擔憂**當下發生的事**。這正是我們應該多關心「此時此地」的重要理由。如果能做到關心當下，那麼「彼時彼地」又怎會影響得了你？當把注意力放在此時此地，幾乎所有事都不再是問題。這當然也適用於我講話結巴的問題，真正的情況從未如我所想像得那樣糟糕。每當我感覺侵入性思緒又冒了出來，我就會問自己：「**現在**有什麼好擔心的嗎？」一如往常，我的答案都是「沒有」，所以會覺得自己更快樂了些。

有項研究針對正在等候醫療檢驗結果的人，利用干預方式抑制他們的侵入性思緒。實驗證實，光是制定管理思緒的計畫，就能有效阻止侵入性思緒，比方說利用聊天幫助自己關注當下。[56]在負面想法冒出頭時，不妨試著思考自己可以怎麼做，以擺脫低潮。

當發現自己開始胡思亂想時，可提醒自己：「打個電話跟朋友聊聊天吧」。我們已經知道與親友待在一起的時間，是獲得幸福的重要原料，那麼當胡思亂想使你變得不快樂時，他們不就正是替你趕走負面想法的最佳人選嗎？

新的經驗也有助趕走侵入性思緒。比起反覆做一樣的事情時恍神，當我們在做點不一樣的事情時，會需要付出更多注意力，於是恍神的機率也會跟著減少。[57]做不一樣的事情除了可培養創造力並拉長自己對時間流逝的感受，還有許多好處，這也說明為什麼勇於挑戰新事物的人會比較快樂。「嘗試新事物」，可能是勵志類書籍中最管用的建議之一了。

我們的思緒可能發自一個有目標感的念頭，然後轉而去思考一些富含愉悅感的事，所以我們的行為也可運用這個模式轉換。我總想著要把幸福最大化，所以當我在撰寫此書時，心思會從做這件事的目標感，漸漸轉換為尋找愉悅感。

有時恍神得太厲害，比方當我正在網路搜尋資料，也會一時不留神地瀏覽諸多無關緊要的網站。每當分心時，我都會認知到此刻我更希望自己把注意力拉回到這本書上。如果我可以辦到更專心地做愉悅的事，我想你也一樣可以。認識我的人都知道，我很容易分心，我的學生都曾看過我上課時恍神。雖然很難證實，但我認為自己的注意力集中時間極短暫。我們每個人都會受分心的影響，儘管如此，還是能降低其影響程度。

我不知道你會因為什麼事而分心。現在不妨利用一些時間，試著寫下會打斷你專注當下的三件事。

我會分心，是因為……

一、＿＿＿＿＿＿＿＿＿＿＿＿＿＿＿＿

二、＿＿＿＿＿＿＿＿＿＿＿＿＿＿＿＿

三、＿＿＿＿＿＿＿＿＿＿＿＿＿＿＿＿

寫好了嗎？我猜至少有一件事，是跟簡訊、推特、電子郵件或網路有關吧！

停不下來的滑鼠

我們都曾聽過「注意力不足症」，但現代世界已讓所有人罹患「注意力分散症」。要留意的是，我是刻意區別這兩者的差異。注意力不足症來自個人緣故，有些人比較容易有這種症狀。而注意力分散，是因個人受外在情境影響，且有些情境容易使人分散注意力；此外，環境因素多與現代科技有關。

雖說我們一直對抗大腦恍神，可是時代卻不斷給我們扯後腿。數位科技讓我們越來越難以克制去檢查電子郵件以及Facebook的網友有沒有更新動態的衝動。[58]醫生不斷警告我們要注意「數位癡呆症」，這是一種不可逆的疾病，若孩童在大腦發育時期過度接觸如筆電和手機等電子產品，可能會對大腦及記憶力造成永久損害。[59]

最近有研究發現，網路成癮是導致精神疾病的主因之一。如果你分心的原因正是上癮的東西，那當然很難避免自己不專注。有證據指出，重度使用網路者（也就是出現上癮症狀者）的大腦真的出現萎縮現象，就像那些吸食古柯鹼及海洛因的重度藥癮者。[60]當你讓自己接受網路資訊的連環轟炸時，大腦過濾不相干資訊的能力就會被削弱。

最近一項研究探討人們的欲望及控制欲望的能力，研究人員提供每人一支黑莓機使用一周，實驗對象是超過200名的成年人。他們一天會收到七次簡訊，詢問他們目前或半小時前，是否感受到對某事的欲望（該研究將欲望定義為衝動、渴望或極想要某種東西）。對實驗對象而言，克制自己不去使用社交媒體是很困難的事——而且使用社交媒體的欲望出現頻率，遠高於性愛、抽菸、喝咖啡、喝酒和吃東西的欲望，[61]這表示它是錯誤的欲望。

總而言之，我們會對通訊設備給予過度的「注意力投注」(attentinal commitment)。[62]即便沒有收到提醒通知、簡訊或電話，你也會掛念著它們。如果你跟我一樣，表示你也有「幻想震動症候群」：你會感覺手機正在震動，而當拿起手機時卻發現根本沒有。[63]即便通訊設備沒有要吸引你的注意力，可是大腦依然在不時注意它們。

是時候想辦法戒掉對虛擬互動上癮的習慣，畢竟除了失去電子郵件對你的約束力以外，你不會有更多損失了。

我明白你相當喜歡網路和手機。實際上，比起失去手機裡的朋友聯絡資訊，弄丟手機對我們來說更麻煩。所以，當試著戒除過度使用手機的習慣時，即便只是讓自己稍微不去看手機，也許就會覺得自己的幸福感有所折損。可是，我認為過不了幾天，你就可恢復心情並變得更快樂，因為你將擁有更多注意力去關注更愉悅且有目標的事。

分心是注意力的小偷，要格外留心，豎起圍牆將注意力小偷阻擋在外。我們不妨利用第六章提到的設計要素。比方說，無線網路覆蓋區域也許不需延伸至你家後院。阻止自己有機會接觸令人分心的事物，遠比靠意志力抵抗更管用。

運用科技來抵銷恍神的負面影響——預設時間關閉提醒通知、手機調至靜音模式、工作時關掉電腦上的聊天程式以及利用應用程式及電腦程式，約束自己使用網路的時間。這些方法都能使你集中注意力，並花更長時間關注當前事物，因為你已經替自己設計了一個心無旁鶩的環境。

你還可公開允諾要注意自己的感受，以戒除對手持電子裝置的依賴。我的朋友跟家人都知道，我從不帶手機去健身房，而且除非晚上外出，否則我晚上7點就會關機。當你晚上跟朋友有約，而你想避免手機偷走注意力，不妨把手機設為靜音模式：這麼做即是在告訴自己，不管突然想到什麼或手機上的提醒通知跳出來，都不要分心。要是你的朋友也能這麼做，你們都會變得更快樂。我想「手機疊疊樂」(phone stacking game，又名「聚餐時不要當討厭鬼」)遊戲的發明人，似乎也同意這麼做。這個遊戲規則是在聚餐開始前，每人要拿出手機並放在一起，接著看誰是第一個伸手去拿手機的人，就要負責幫大家買單。[64]雖然從事有目標的事情時，人們更容易分心，但這個遊戲的發明人告訴我們，即便是從事更愉悅的事情如社交，也需利用一些小巧思，以防止注意力分散。

有些人善於避免分心，不妨網羅他們成為你的社交網路一員。我的朋友和我會盡量避免用簡訊聊天，因為虛擬聊天比實際聊天會花更多時間。不過，像我們這樣的人很少，因為太多人更喜歡用簡訊與對方溝通。光是在2010年，人們發出高達1290億則簡訊，比2009年的數量增加24%。[65]反觀通話時間統計，從2010年至2011年間，人們講電話的時間減少5%。[66]如果要用簡訊聊天，除了日常閒聊之外，不妨試著聊聊更有目標的話題。這讓我想起某位計程車司機曾問過我，想像這個世界是先發明文字簡訊，然後才發明語音電話，他說：「那你覺得大家還會發簡訊嗎？當然不會了，我想大家會驚嘆於竟然可以不打字就能大聊特聊。」我認為，他的話實在很有道理。

抱歉，我好像把話題扯遠了。我們身邊有太多刺激：聲音、環境、人們、氣味以及大腦內喋喋不休的聲音，都想吸引我們的注意力。而你的注意力能量有限，如果能妥善集中注意力，生活將會更加美滿。

去實踐幸福吧

這應該一點也不令人驚訝，只要我們注意正面感受以及常與喜歡的人待在一起，就能變得更快樂。但問題是，我們其實鮮少做到這兩點。

為了重新集中注意力，你可以做些簡單又有效的事，來令自己更快樂。多花錢買感受、少買些物質品，輪流從事愉悅和有目標的事以及聆聽音樂。答應自己要每天多花一些時間跟喜歡的人聊天，並盡量減少使用電腦和手機。這些東西會使你分心，消耗注意力，使你覺得疲憊又不快樂。一次專注在一件事上——但不要不停地檢查電子郵件信箱以及更新Facebook動態。

第八章

決定、設計與實踐

讀到這裡，代表各位已具備打造幸福人生的三大基礎。現在就去「決定」「設計」並「實踐」幸福，只要結合這三種元素，即是最有效益的幸福製程。

想知道如何結合這三種元素，我認為有兩個能引起許多讀者共鳴的問題，值得思考看看：首先，如何盡量避免做事延宕；第二，如何藉由多幫助他人，從而幫到自己。人們之所以會做事延宕偷懶，是因為刻意不去注意自己應該完成的事。許多人會因拖延導致無法實現目標。延宕偷懶使我們變得更不快樂，導致人際關係緊張，更影響工作和學業表現。[1] 此外，時常幫助他人也能使自己快樂，可是我們卻鮮少這麼做。

如果你實踐了這兩種行為但卻不覺得比較幸福，請別擔心，我相信只要弄清楚為何沒能獲得幸福的原因，加上配合相關建議，一定能激發你想出一套決定、設計並實踐幸福的辦法，然後幫助自己調整那些更需投以注意力的行為。

戒掉躊躇不決傾向

「拖延症」（procrastination）與分心的關係匪淺。如果我們可徹底迴避做某件事，那麼我們也不再需要對那件事多所留心；可是對拖延症患者來說，困擾的地方在於他們無法避免要去做某件事（同時我們已經認知到，侵入性思維會破壞幸福）。[2]當遇到阻撓我們完成手頭事物的刺激時，我們就會分心，於是導致延宕行為出現。所以，我們得先知道拖延症有哪些癥候，才能試著找出解決辦法。

幸福不能拖泥帶水

解決拖延症的第一步，是**決定**——由你決定自己要不要做這件事。也許，這不是件值得去做的事，比方說為了錯誤的欲望而做的事。顯然我們會更懶得去做那些被視為特別重要之事，如努力工作以達成更高的目標，因為這代表過程會比較辛苦，所以使我們想逃避。[3]對於將交付評估的事項，我們也會選擇拖延，比方說有個研究發現，比起準時交論文的大學生，得知學校將採取隨機抽樣並向當地高中生進行朗讀的那些大學生，會選擇拖延寫論文。[4]此外，要是做自己不在行的事時，也會妨礙我們按時完成。

錯誤的投射，也容易使人做事延宕偷懶。我想比起時間不夠做某件事，想必我們都喜歡擁有充裕時間。不過，你可以試著想像兩種不同情況：每天一大早就得出門上班，或早上有充裕時間做準備。如果你也跟我一樣，時間越寬裕，反而越匆忙，這也許是因為你原本打算早點出門，但卻拖了太久才準備好。有研究發現，比起12小時輪班制的醫學院學生，輪值9小時的學生反而每小時能檢查更多病患，對待病患也相對地有耐心。[5]此外，我們已經知道人的記憶無法準確記下過去事件的發生經過，因此會對未來有錯誤的投射。[6]舉例來說，對於只需幾分鐘就能完成的事，我們會覺得並預測做那件事所花費的時間，比實際時間更長；然而對於需要更長時間才能完成的事，反而會認為花費的時間比實際時間更短。[7]大部分的事情只需花2分鐘以上來完成，請銘記這項原則，並預留更多時間。

錯誤的信念，也許是另一個造成拖延症的原因。很多人都誤以為，趕在期限前的壓力能使我們的表現更出色，然而很多時候情況並非如此理想。在看過24份有關拖延症的研究，並調查範圍囊括近4000名學生後，我們發現越晚寫完功課的學生，成績越差。[8]再者，即便我們已經知道自己很可能會在期限前一天才完成工作，但還是會過度樂觀地預期自己能提早約四天完成。[9]

你也許會認為壓力使你更有創意。《哈佛商業評論》的撰文者訪問過近200名受過高等教育的美國企業員工，請他們在線上回答一些問題，包含「在下班前，覺得自己感受到多大的時間壓力？」「一整天記得做了哪些事？」結果他們發現，時間壓力越大，在工作上發揮創意的機率越低。[10]對於自己能做到哪些事，我們最好抱持踏實的期望。完美主義者被認為是拖延慣犯，這是因為他們把標準設得太高，所以很難達成，不過此一推論還需更多實證支持。[11]

我還想再補充一點，拖延症也會對施政方針造成負面影響。我曾與健康經濟學家凱洛琳．魯迪西爾（Caroline Rudisill）共同發表一份研究，發現如果國家補助體外人工受孕的女性年齡上限從39歲提高到42歲，勢必會導致新生兒出生率下滑，因為女性生育能力會隨年紀下降，而提高補助年齡上限反而將使女性延後生育計畫。[12]

目前許多政策都會考量到「拖延症」這個因子，所以政策制定者會在推行前，諮詢行為科學家的意見。

決定幸福

你該如何下定決心，減少延宕與拖延的狀況發生？在實現目標的過程中，關注顯著的反饋，有助克服三大注意力障礙。延宕與拖延，是因為不想去做某些棘手的事，所以不如想想，你有哪些不想做的事情呢？回想過去曾做過哪些棘手的事吧。上次你做事拖泥帶水的時候，你的感受是什麼？那是在怎樣的環境下？跟誰待在一起？

當你朝著目標努力時，也能從中獲得更即時的感受反饋。哥倫比亞Bancamia銀行的放款部行員利用這條原則，來解決嚴重拖延工作的問題。他們過去往往都會等到銀行發放每月獎金前，也就是每到下半月，才會認真開發新貸款客戶。其中，有70%的行員表示工作有壓力或壓力很大：超過半數的行員難以妥善安排工作或徹底執行計畫。為減輕工作壓力，該行將工作內容以周為單位進行畫分，每當行員完成一周的工作，就可獲得一個小獎品，如電影票及餐廳優惠券。比起沒有參與這個對抗工作延宕計畫的同事，實驗對象的工作達成率提升30%，獲得的獎金也增加25%。正如先前提到的，反饋有助決定這個幸福製程的投入物，並確實地改變行為。[13]

他人的反饋，也是克服延宕症的有效方法之一。別人更適合幫助你把事情做好，因為他們不像你如此忠於個人立場。當你過度樂觀估計自己完成某件事所需的時間，他人也可幫你修正預測——事實上你應該謹記這一點：實際花費時間總是會比預估時間更長。[14]不妨請朋友以對立角度提出建議，並認真考慮他們的建議後，才做出決定。

嚴以律己又拒絕承認做事拖泥帶水，只會使拖延症惡化，更難改變陋習。比起願意原諒自己的學生，那些因做事延宕但又嚴格自我批判並承認不喜歡自己的學生，再次出現延宕行為的機率更高。[15]如果你曾做事延宕且不願原諒自己，現在請試著這麼做吧。如果原諒過自己，回想上次諒解自己的美好感受。在這項調查中，那些原諒自己的學生，也表明情緒變得更積極正面了。

設計幸福

我們該如何利用設計生活環境，來戒除做事拖泥帶水的陋習呢？首先，想想現在身處的環境，是否有利於按時把事情做好。在冰箱門上貼一張整齊的廚房照片，以提醒自己隨手清洗碗盤，效果等同清新的氣味（如柑橘味）會讓人聯想到清潔及洗手。此外，在同一地點工作或上課的人較不容易偷懶，因為相同地點會促使我們繼續做上次在同一地點做的事。[16]因此，如果都在相同地點工作，但卻有做事延宕的毛病，不妨換個地方工作，或重新布置你的活動空間，然後觀察一下偷懶的情況有沒有好轉。

或者，你可以利用「預設默許」，來保存注意力資源。你可能已經做足預備措施，防堵諸多容易造成分心而導致做事延宕的情境（比方說彈出式視窗廣告），以及有助節省注意力的情境（比方說帳單自動扣款）。不妨在更多地方運用「預設默許」的原理。如果你已預設完成某一件事的期限，就不要去想晚一點會更好。大部分的人認為自己將會使用效期長的禮券，但事實不然：比起效期還有一個月以上的禮券，人們更可能會使用效期不滿一個月的。[17]

你也可以公開許諾，利用散播諾言的威力，幫助自己戰勝拖延。有一項非常有名的美國研究，研究人員雇用60名校對員，負責校對麻省理工的校刊和電子布告欄上的廣告內容，而且在事前應徵時，他們並不知道這份工作是要閱讀三篇非常無趣且難以理解的後現代文章。經過隨機分配，每位實驗對象須按照其中一種方式完成校對工作：（一）一周交回任一篇文章；（二）三周後交回三篇文章；或者（三）自行決定交回文章的期限。結果，第一組校對員找出最多錯誤，且拖延的情況最輕微——與第三組校對員情況剛好相反。[18]

因此，如果你要著手一項大案子，可以考慮把案子細分為數等分，並平均設定每部分的完成期限。也可借他人之手替自己規畫時程安排。如果請朋友替你設定完成期限，也就表示你對某個人做出承諾，而且你不想讓他失望，所以更可能會集中精神去履行計畫。

當我們評估做某件事所需的時間時，將之細分為數等分，也可降低我們過度樂觀的傾向。人們估計自己準備餐前開胃小點（包括迷你三明治、水果切盤、生菜捲及鮮蝦串）的所需時間，會比實際操作時間短10分鐘左右，但當他們看過所有料理步驟（包括切水果、煮蝦肉等），他們第二次預估的時間，就會與實際操作時間差不了多少。[19]

多與格外勤奮的人來往，我們的潛意識會仿效那些人的行為模式，這麼一來，肯定有助養成做事不拖泥帶水的社會規範。舉個有關拖延存退休金的例子：假設有個和你同部門的同事，他只要參加退休生活規畫說明會就能拿到20美元，即便你個人將不會拿到一毛錢，你參加說明會的機率也會增加三倍——比起同事和你都不會因參加該活動而得到任何獎勵；此外，你會申請退休金帳戶並持續在帳戶存錢的機率也比較高。[20]所以，當打算完成某個案子時，不妨多與朋友圈中的「目標引擎」來往。同樣地，當壓力卸下後，就要找「愉悅機器」的朋友出來聚聚。

實踐幸福

最後，我們該如何更注意自身的行為呢？我們傾向延宕有目標的事（如工作和學習），與處理棘手的情況（如向他人透露壞消息）。[21]因此，你必須盡快讓自己切入正題。比方說，如果要向幾位員工透露一些壞消息，與其耗費一整天時間，不如集中心力一口氣處理。在寫這本書時，即便我已經不怎麼拖泥帶水了，可是我還是會逼自己比家人更早起床，趁他們還在睡覺時，花2小時撰寫。這麼做使我從夜貓族變成一隻早起的雲雀（不過自從孩子出生後，我本來就已經習慣早起）。

接下來，我們要想一想如何才能更加注意身邊的人。因為無論做什麼事，只要有人一起做，都可有效增添愉悅和目標感，所以當你終於要開始做某件拖延已久之事，不要忘了注意跟你一起做事的人。當然，不要被他們分散注意力，所以不妨試著交換彼此對這份拖延已久之事的想法。收到績效表現資訊的員工，會更有可能地深刻感受到工作的意義，因此不妨以目標為導向來克服工作上的拖延症。[22]還記得跟他人交換經驗時，氣氛總是輕鬆快樂的嗎？多與人分享自己完成某件工作，當然也能促進愉悅感。

分心，也會打斷我們對感受的注意力。經調查發現，在300名參與線上調查的人之中，有超過一半以上的人認為上網會令他們做事延宕——而這數字只是有意識到本身有拖延傾向的人而已。[23]所以如果可能的話，不妨讓自己在沒有網路的情況下工作。找找看有沒有不提供網路的咖啡店；或者也可利用手機應用程式，阻絕自己想上網的念頭。

懂得施予，更有福

我們都知道幫助他人，自己也能更快樂。我不是要各位立刻開始捐更多錢給慈善團體，也不是要你多從事志工活動，你是可以考慮從事這些活動，但不做也沒關係。

我們不只要關心自身的幸福，還要懂得散播幸福給他人。這與我們的行為和感受會受到他人影響是不同概念，也就是不同於本書第六章所述的有關社會規範之內容。我在這裡指的是，**他人的幸福本身，就會對個人有所影響。**

散播幸福給他人的理由可以有千百種。首先，對於你認為不公平的事，即便不涉及特定族群或個人，**想辦法解決社會上不公平的現象**亦可使你備感幸福，因此，幸福感是來自你對他人的關心。再者，**直接伸出援手**也會使你備感幸福，就算你的幫助無法動搖社會上的不公平現象，而這樣的幸福感，同樣是出自你對他人的關心。不過我們要先弄清楚這二者之間的區別，因為這將會影響我們可能採取的行為。

關心不公平的議題

接下來，請見右頁兩個圓餅圖，圖為兩顆圓型蛋糕，左邊的蛋糕比右邊大，左邊蛋糕的淺灰色面積也比右邊大。如果只在意大小，你應該會選擇左邊的蛋糕。可是左邊蛋糕的淺灰色面積比黑色小，這可能會讓你不太滿意。但要是你選擇右邊蛋糕的話，雖然淺灰色的面積較小，可是三種顏色所占的面積是一樣大的，所以你可能會比較滿意。不過，要是右邊的蛋糕尺寸更小，你還是可能會選擇左邊的蛋糕。這樣的圖示與論述，體現我們對大小和分配比例的取捨。

許多年來，我與太多優秀同事共同發表過諸多研究，一再地凸顯出我們十分關心大眾的健康問題。[24]當時我與該領域學者如艾倫・威廉斯（Alan Williams）之所以會投入這方

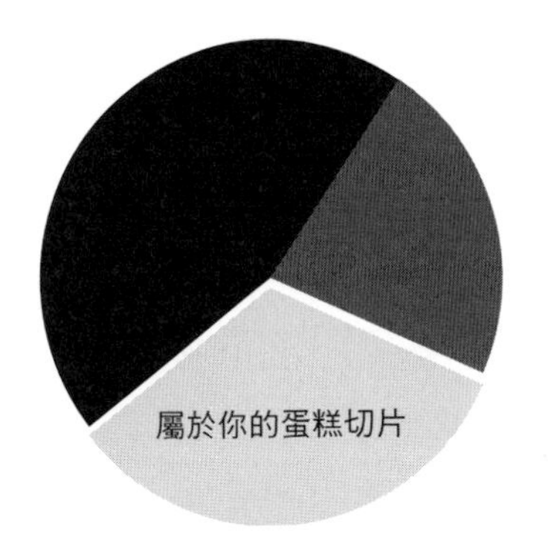

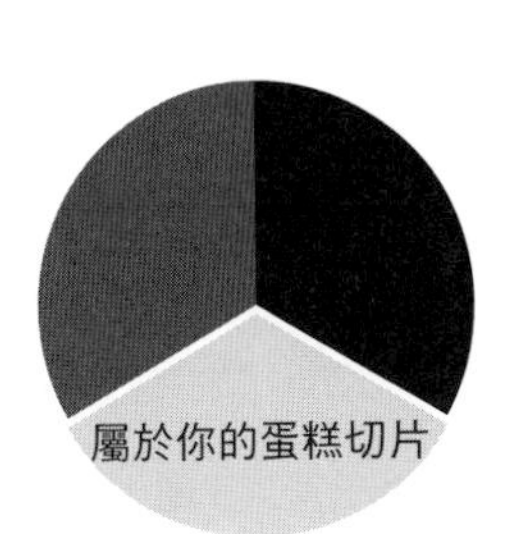

面的研究，就是因為一般民眾和政策制定者都同樣關心誰獲得哪些健康醫療福利，以及「這顆健康醫療蛋糕」究竟有多大。如果讓我現在做這些研究，我會更著重於「幸福分配」的問題，但十年前的我則更注重健康議題。所幸的是，健康是幸福製程的關鍵原料之一，因此我們弄清楚社會大眾對健康分配的偏好後，也可推論出他們對其他關鍵原料的偏好，進而得知該如何促進他們的幸福感。

我從1990年代中期展開這項調查，當時尚未有人進行健康醫療福利分配的大規模民意偏好研究。於是，我拜訪很多人以募集研究資金，因為要了解健康醫療福利分配，需要探討很多問題。我運用多種研究方法並發表大量研究結果，最後發現，一般民眾的確相當關心保健及其他相關政策施行後對個人健康的影響。他們在意這塊健康醫療蛋糕的大小；同時更希望政府能公平地分配醫療資源，也就是平均分配每一塊健康蛋糕。[25]此外，探討有關收入分配的民意調查，也發現類似結論。[26]

後來，土屋明和我與雪菲爾大學的同事合作，展開一項針對英國健康公平性的大型民意調查研究。我們利用一連串二擇一的題型，訪問600位國民。例如，在回答有關消弭健康不公平的問題時，其中一種回答選項是從全民健康最大化的角度出發；另一種選項則從個人健康的角度出發。統計結果相當令人振奮，絕大部分的調查對象會相當謹慎地斟酌這兩個選擇：當他們認為如果推行全民健康照護的代價不算高，就會希望能降低健康照護不平等的現象；但如果他們原本擁有的健康照護必須大幅犧牲，則會希望自身福祉得以最大化。[27]

幸福分配也存在民意偏好，然而這方面的研究少之又少。受到英國國家統計局的支持，羅伯．梅特卡夫和我一起訪問將近1000名英國民眾，我們面對面地詢問他們一個問題：

> 如果有一項政策可使所有人的生活達到合理的幸福水準；或者有一項政策可使整體幸福水準提升，但有些人的生活會比較幸福，有些人則否，請問你覺得哪一項政策比較好？

結果，89%的訪問對象選擇前者，表示比起提升整體幸福水準，人們更渴望有利於幸福平等分配的政策。

我們接著進行一項線上調查，調查對象是另一群1000名英國民眾。這次我們同樣使用二擇一的題型，設計兩個有關生活滿意度的問題，以探討效用和平等之間該如何取捨：

- 假設當政府實施政策一時，某人的生活滿意度評分是5分，另一個人的生活滿意度評分為9分；當政府實施政策二時，某人的生活滿意度評分是6分，另一個人的生活滿意度評分是7分。請問你認為政策一還是政策二的施政效果比較好？

- 假設當政府實施政策一時，某人的生活滿意度評分是2分，另一個人的生活滿意度評分是6分；當政府實施政策二時，某人的生活滿意度評分是3分，另一個人的生活滿意度評分是4分。請問你認為政策一還是政策二的施政效果比較好？

從這兩個問題的統計結果來看，人們顯然傾向縮短人與人之間的幸福水準差距。統計結果顯示，每3人中幾乎有2人會選擇政策二；而每7人中只會有1人選擇政策一（剩下的調查對象則回答無法做決定）。

儘管調查結果已經夠明顯了，可是這些研究都旨在探討影響範疇；換句話說，為了弄清楚健康醫療及幸福分配有多麼重要，我們請調查對象去思考這個問題，使他們更加重視這些議題（而你現在也已經知道注意力的影響了）。於是，我們得出這樣的結論：**人們理想的健康醫療分配偏好，取決於當下的分配現象**。[28]在思考要納入民意偏好來分配社會資源及決定分配方式時，這些都是極重要的議題。我們必須格外謹慎處理實證研究的結果。根據目前的數據，我很肯定人們都會受到幸福分配的影響，我們也的確會關心這項社會議題，不過究竟人們是如何取捨資源多寡與分配之間的平衡，我還沒找到定論。

幸運的是，有更「實際」的資訊，可供我們做出決定。經濟成長使已開發國家人民的幸與不幸之間差距得以縮小，卻導致收入不平等問題惡化，進而為實現幸福平等分配的理想豎起藩籬。[29]在收入不平等問題較不嚴重時，美國人和英國人看似比較快樂[30]；在日本、中國都市地區及拉丁美洲也觀察到這樣的現象。[31]相較之下，在中國鄉村地區存在較明顯的收入不平等現象，但人民對生活反而並沒有那麼不滿。[32]這樣的研究發現說明，如果人們有公平的賺錢機會，收入不平等有時也意味著機會更多。

總之，從整體幸福最大化的角度而言，我們理應多多幫助社會弱勢，尤其是那些只拿到比較小塊蛋糕、又沒機會得到更大塊蛋糕的人。既然更公平的社會能提升整體幸福感，也表示我們根本不需要統計數據，就可知道關心他人是能帶來好處的。

不吝照顧他人

除了消除不平等的現象能使我們感到開心之外，直接關心他人也能使我們感覺良好。正如我們在第二章看到的，志願服務能使志工從中感到相當分量的目標感。綜合多項研究結果，從事志願服務、幫助他人及捐助慈善機構的人對生活較滿意，心情也會比較好。[33]不過，我們也跟其他領域的學者一樣，要格外慎重使用統計結果，以推論幸福及行為之間的因果關係：那些願為他人付出更多的人，也許本來就過得比較幸福。話雖如此，有證據顯示幸福感可來自照顧他人。想像今天某人給你20美元花用，比起把這筆錢花在自己身上，用這筆錢去幫助他人會令你更快樂。[34]

還有研究證實，花時間幫助他人，如擔任志工，有助減輕時間壓力。[35]所以，不妨花點時間做有目標的事，你反而會覺得自己擁有更充裕的時間。花時間照顧別人，也有助降低彼此的孤獨感。孤獨和幸福一樣具有感染力，獨處時感受會特別深刻。[36]孤獨感甚至有害健康。感覺自己無人陪伴、被拋棄或被孤立的年長者，更容易在六年內死亡，這很可能是因為孤獨感會直接傷害人們的生理狀態。[37]只要讓他人有機會和自己相處，對彼此的健康和幸福都會帶來好處。

我們會關心別人，主要是因為這麼做會使我們自我感覺良好。當我的家人萊絲、帕琵或史丹利心情低落時，我也會覺得不開心，所以我會試著逗他們笑，這麼做一方面是因為我關心他們；一方面是因為會使我感到快樂。我記得知名作家馬克・吐溫曾說過：「讓自己開心的最好方法，就是試著讓別人也開心起來。」有關慈善捐贈的文獻中建議，「購買」溫情——因幫助他人而使自己感覺良好——是促使人們願意付出的主因。[38]「溫情」這個詞令我印象深刻，因其巧妙地闡釋了我們會幫助他人，是因為這麼做讓自己覺得很棒。因幫助他人而獲得良好感受，就好比當你剛完成某個除了自己很開心之餘，別人也獲得好處的工作計畫（當然不見得每個工作計畫都有這種效果）。

人們會做許多有目標的事，不只是為了讓自己感覺良好，更是為了使家人和朋友獲得美好感受。有時你甚至會覺得，你願為所愛之人犧牲自己的幸福，而他們也會願意為你做一樣的事，而且彼此都不會心生埋怨。我太太萊絲跟我一樣，都願意犧牲自己的幸福去換取對方的幸福，尤其是為了帕琵和史丹利。也許從人類進化的觀點來說，養育子女就是在犧牲父母的幸福，但我想你也知道的，我認為賦予做這件事的目標感，可有效減輕身為父母親所體會到的犧牲代價。除此之外，為了孩子的幸福，有時我甚至覺得自己放棄了愉悅和目標感，萊絲肯定也一樣。我們都不是那種犧牲自我的個性，但因為我們格外地關注孩子是否幸福，所以我們的確非常在意他們，甚至遠超過對自己的關心。

我無意深究人們關心他人的背後動機，因為這已是老掉牙的議題。硬要一言以蔽之的話，幫助他人是為了日後也得到對方的幫助，這是人類隨著演化而來的天性。互惠（你幫我，我幫你）有利生存，這是既自私、又無私的行為。[39]

1984年生物學家傑拉德．威爾金森（Gerald Wilkinson）在吸血蝙蝠身上證實了互惠行為。如果吸血蝙蝠24小時沒有進食，牠們的體重會急速下滑，過不了多久就會死亡。幸運的是，牠們有一種有趣的分享血液習性，就是會反芻血液分享給同類。牠們通常會捐出鮮血給親緣關係較近的同類，但有時非家族成員也能分一杯羹。為驗證吸血蝙蝠會展現互惠行為，威爾金森從加州拿到9隻幾乎毫無血緣關係的蝙蝠，並把牠們養在同一個小籠子裡。研究人員每天晚上會讓8隻蝙蝠吸血，並讓1隻蝙蝠餓肚子。當那隻飢餓蝙蝠回到其他同伴身邊時，其中幾隻蝙蝠儘管跟牠毫無血緣關係，依然會反芻血液然後餵到牠的嘴裡。而且，當輪到那幾隻曾反芻血液餵給同伴吃的蝙蝠餓肚子時，先前受過牠們幫助的同伴，更可能會加以回報。[40]不是所有學者都認可有足夠證據，以證明非人類的生物之間存在互惠行為，但想必你也發現了，如果連吸血蝙蝠都懂得互相幫助，那人們當然也會這麼做。

不過，我們也必須留意是否有關心過度的問題。有研究發現，如果孩童需照顧家中的年長者、病人或傷殘人士，這些孩童會因此感到人生苦悶，且遭受霸凌的機率比較高，在校成績也會比同儕差。[41]那些在高壓環境中從事照顧他人的工作者，如急診室護士和社工，會面對極大的壓力及職業倦怠風險，也就是「同情疲勞」（compassion fatigue）。[42]此外，有些善意，反而會引起對方質疑，舉例來說，如果器官捐贈者和接受者間沒有任何血緣關係，醫生經常會懷疑那些捐贈者可能並非自願捐贈。即便二者間有血緣關係，醫生仍會懷疑捐贈者可能迫於家人壓力，才會捐贈。[43]

無論你是為了他人的幸福，抑或是為了自己未來的幸福而犧牲，我也會提出一樣的質疑。當做出犧牲時，一定要相信你的犧牲是值得的：深信犧牲會令你所愛之人更快樂。幸運的是，由於「珍惜他人」就是一種目標，你不必琢磨太久就可做出為他人犧牲的「艱難決定」，因此反而能專心地思考該如何讓自己及他人更快樂的其他「簡單決定」。

幸福是幫助他人

當我們做了一件利人利己的事情時，除了獲得愉悅感之外，通常能獲得加倍的目標感。既然如此，何不多替別人做事，尤其是為了家人及朋友以外的人。我強烈懷疑，我們對於幸福存在錯誤認知，從而阻撓我們對他人盡一份力的機會，比方說很可能誤以為與其把錢花在別人身上，花在自身才能帶來更多愉悅和目標感。人們通常以為把錢花在自身會使自己更幸福，然而有研究人員做過實驗，在他人身上花20美元的實驗對象，反而會感到更快樂。

如果我們將注意力放在選項而非結果，也可能會做出錯誤的投射。我們老想著應該把這20美元花在別人還是自己身上，這兩種選擇所造成的金錢差異反成為關注焦點，而非這些決定會使我們感受到的幸福感差異。也因此「幫助他人」這四個字並沒辦法使我們聯想到自身的幸福，甚至誤導我們去注意他人是否會因我們的幫助而感到幸福。

也許你覺得自己太忙，沒時間顧及更多人，可是我倒認為是因為你沒有騰出時間，而不是真的沒時間。或者，你覺得自己很大方，但事實上你的行為並沒有想像得那樣大方慷慨。甚至我們可能會犯了如我在第四章中所提到的基本歸因謬誤，對某些事抱有成見，所以認為縱使採取行動也無濟於事。

難怪有研究發現我們對「人性本善」的認知存在「盲點」。[44]我們應該思考如何將盲點，轉變成散播幸福的「亮點」。

決定幸福

由於我們會抱有錯誤的欲望、錯誤的投射及錯誤的信念，不妨請各位回想第五章的內容，我們一定要經常尋找反饋，以確保自身的期望更貼合現實。不妨試著回想上次關心他人時有多幸福，並以此感受為基礎，去揣想若將來幫助他人時，自己會是多麼幸福。此時正是運用一日經驗重建法的好時機。有研究發現，就算只是回想先前曾做出的溫暖舉動，就能促進當下的幸福感。[45]

你也可試著去了解自身貢獻對社會的影響，從而使自己獲得更顯著的幸福感。在一項研究中，有一群願意捐助聯合國兒童基金會（UNICEF）的捐贈者被隨機分為兩組，研究人員向第一組介紹兒童慈善工作的首要任務以及這個機構的職責，並向第二組具體說明捐款的作用，包括提供一份有關拯救兒童免受瘧疾之苦的文宣，上面寫著「每捐10美元，就能送一頂蚊帳給非洲兒童」。結果發現，對那些收到具體捐款用途資訊的人而言，捐款金額越高，他們的生活滿意度也越高。如果能弄清楚捐款用途，與這筆款項所幫助到的對象是誰，那麼慈善捐款似乎能對幸福感產生莫大影響。[46]因此，如果決定要花錢或花時間去幫助他人，要是能知道更多相關細節，你的收穫也會越豐富。

在做出決定的同時，如果還能一併記下自己幫助他人的場景，將來你還可以重溫這些美好感受。舉例來說，假使發現自己過於埋首工作，以致平時沒機會幫助他人，不妨趁周末或假日去拜訪你那生活壓力太大的姊妹，向她伸出援手，你很可能會覺得自己變得更幸福。你甚至可能不會考慮太多，就決定要幫助他人，有研究發現，在玩遊戲中，如果玩家採取合作就能賺更多錢，那麼只要縮短玩家做決定的時間，他們就越可能與其他玩家合作。[47]

設計幸福

我們該如何設計有利關心他人的環境？不如試著安排一些暗示，以鼓勵自己多多益善。有研究人員曾對兩組普林斯頓大學的學生做實驗，一組學生要寫下自己最喜歡的超級英雄及其外貌特徵、行為、價值觀及生活方式；另一組則需列出宿舍房間的擺設特色，然後兩組學生會參加校園內的慈善組織。實驗結果發現前組學生做志工的時數，是後組的兩倍之多。[48]另一項在美國亞利桑納大學進行的實驗，一組學生寫下對死亡的看法及感覺；另一組學生寫下對牙痛的感想。結果前組學生捐錢給美國教育慈善機構的金額，是後組的兩倍之多，研究人員把這種結果命名為「史古奇效應」（Scrooge effect，源自英國十九世紀中期文學家查爾斯·狄更斯〔Charles John Huffam Dickens〕的作品《小氣財神》〔*A Christmas Carol*〕，故事主角是一位名叫史古奇〔Scrooge〕的守財奴）。[49]因此，下次你在挑選要看哪部電影、設定螢幕保護程式或銀行密碼時，不妨選擇那些能暗示你多多助人的字眼。

例如，我有個朋友曾在一本利他主義的書上讀到某位遊方僧人，於是她便利用這位僧人的名字做為銀行密碼。你可以依照自己的感覺，選擇對你有效的做法。

此外還要記住一點，我們的幸福感會影響自己從事慈善的意願。羅伯．梅特卡夫、行為經濟學家丹尼．納瓦羅—馬丁尼茲（Dani Navarro-Martinez）和我曾做過一項網路實驗，調查住在倫敦市及附近地區的人們。實驗對象必須完成一項無趣但吃力的任務，在40分鐘內盡可能將電腦螢幕上的所有滑標移到中間位置，便能得到一筆錢。研究人員隨機挑選一些實驗對象，並在任務結束後告訴他們表現得很不錯（與實際表現無關）。在實驗最後階段，所有實驗對象都有機會將獎金捐給慈善機構。你已經猜到結果了，對嗎？那些被告知表現得很好的人，捐款金額明顯較少，他們只會捐出獎金的34%；相比之下，其他實驗對象則捐出獎金的50%。[50]這項結果意味著，我們的感受，會成為做慈善的背後動機。當我們感覺良好時，想做好事的動機會變得較薄弱。這也是一種允許式溢出效應。當覺得自己不太快樂時，不妨試著捐錢給慈善機構，因為這麼做的溢出效應，可提振自我的幸福感。

我們也可設定「預設默許」。如果想透過捐款，來消弭所在意的不公平現象，可以設定每月發薪日，由銀行直接扣款方式給喜歡的慈善機構，這麼一來你每個月都能捐款。也可以考慮許下「承諾」。幫助世界解決飢荒問題是個既新穎又崇高的目標，許下這個承諾也許會令你變得痛苦，因為這是難以立即達成的目標。不過，也可以許下規模小一些、更容易管理的承諾，比方說答應要花一個下午的時間到慈善廚房幫忙。這麼一來，你就可以朝消滅不公平現象的目標邁進一步。別忘了，如果能公開許下承諾，也可以激勵自己去實現諾言。

此外，我們也不能低估「社會規範」的力量。有研究人員調查住在坦尚尼亞的哈札人（Hadza），這個部落以狩獵和採集維生，那些願意將蜂蜜棒送給其他族人的哈札人，比較容易結交到同樣願意幫助他人的朋友。[51]付出是具傳染力的行為。有另一份英國研究發現，在明信片上印笑臉或哭臉來表示街道的垃圾回收效率，透過這種社會規範的力量，可有效改善整體垃圾回收情況。[52]

為促進某種情況而樹立社會規範，對關愛他人的效果特別顯著。總之，我們應更積極鼓勵那些被我稱為**炫耀性關愛**（conspicuous caring）的行為——也就是之前被健康經濟學家揚·埃布爾·奧爾森（Jan Abel Olsen）和我稱為「利他關愛」（conspicuous altruism）的行為。[53]在我們的研究工作中，我們鮮少提倡這種行為，但我認為那是不對的。經過這些年的研究，我發現如果行為能帶來好的後果，那麼動機也沒那麼重要了。我只在意結果，更具體地說，我在意的是能帶來幸福的結果。要是我們能從人們在意他人看法的角度切入，「輕推」（nudge）人們藉由多關愛他人以獲得幸福，那麼總歸是好事一樁。「炫耀式關愛」的概念，就好像如今已非常知名的「炫耀式消費」，意思是人們之所以會買奢侈品，是為了向他人展現財富實力。[54]

如果捐款金額在一定範圍內，且捐款人的姓名會被公布，則大部分捐款金額都會落在最低金額。美國卡內基美隆大學會公布捐款金額介於1000至4999美元之間的捐款者姓名，但不會具體列出捐款金額，在1988年至1989年間幾乎有70%的捐款者都捐了1000美元。在卡內基美隆大學裡，捐款給卡麥隆家族基金會（Cameron Clan）也是類似運作方式，捐款金額介於500至999美元的捐款者姓名會被公布，而捐給該基金會的平均金額是525美元。哈佛法學院基金會（The Harvard Law School Fund）在1993年至1994年間也是使用同樣方式，而有高達93%的捐款者都剛好捐了500美元。[55]

在公開場合購物時，我們會更傾向購買對環境有益的綠色商品；當有人會知道我們捐錢時，我們會更願意捐錢給社區。[56]有研究請普林斯頓大學的學生透過鍵盤打字來替紅十字會賺取慈善金，與不需要告訴他人結果的學生對比，當學生得告訴別人自己賺取多少慈善金時，按鍵次數統計會高出許多。[57]如果要跟別人比賽誰較慷慨時，我們會更積極地做出慷慨表現——甚至比爭取個人利益時更積極。[58]

簡單來說，從你的工作、家住哪裡、你的車子和衣服，我就能大概猜出你的經濟狀況。可是，我不會知道你有多慷慨，除非你有辦法秀給我看。我們應該要慶幸自己擁有更多機會幫助別人，而不是擺出「你們看，我是不是很偉大」的姿態。當我們幫助他人時，我們應該要讓彼此變得更幸福。行善可從小處做起，但揚善也不可少。

實踐幸福

至於如何實踐幸福，不妨注意身邊的人是不是只拿到一小片蛋糕，以及你能做些什麼，去替他們拿到更多蛋糕，比方說向慈善機構捐款、申請成為弱勢青少年的輔導老師，或聽聽朋友傾訴煩惱。當你捐款或收到慈善機構發來的捐款提醒通知時，也可試著注意這些事所帶給你的幸福感。

你已經知道與他人一起做事可帶給你正面感受，所以與其獨自行善（如網路捐款），不如找朋友一起，這將能讓你們感受到更多幸福感。根據美國時間運用調查數據，比起獨自做志工，有人跟你一起做的話，將可創造更深刻的愉悅和目標感。如果你想透過關心他人來解決社會不公平的現象，不妨考慮跟別人一起為社會做出貢獻。

有些研究發現，分心會使你容易責備那些不幸的人。有一項研究要實驗對象評估賠償條件：有位名叫麥克的男生，他的腳被棒球場上的燈光設備砸傷了——但後來才知道，事發當下他「占用」了別人的座位，他是買站票進場的。比起只需要直接決定賠償條件的實驗對象，那些被要求一邊背下一連串單字、一邊考慮賠償條件的人，可能會決定給他較少的賠償金，也會較嚴苛地責備麥克。[59]當你集中注意力時，你才能用理想的方式去對待他人；由此可知，關心他人時也要避免分心。

讓幸福得來更容易

也許你做事從不拖泥帶水，也許你在意他人也幫助他人，這一切都將使你的幸福度剛剛好。不過只要發現注意力分配並非最佳狀態，使你沒能獲得應有的幸福感，那就是運用這三步驟，助你恢復最佳平衡點的時候。「決定幸福」能幫你回答什麼是幸福的問題；「設計幸福」可幫你付諸行動；「實踐幸福」則能確保你的注意力運作順利。你可以彈性運用這些原則，去體驗生活的點點滴滴。

終

章

你也可以變得更幸福

我們彷彿一起走過一段旅程。我希望你也跟我一樣，覺得這是一段充滿愉悅和目標之旅，也希望你已學到如何更有效率地過得幸福。最後，容我帶各位做一些回顧。

到頭來，能擁有一個幸福人生，才是最重要的事。每當我們被問到為什麼有些事對自己來說很重要時，我想答案終歸就是這句話：「因為這樣，我才會快樂。」[1]知名女演員奧黛莉．赫本（Audrey Hepburn）曾說過：「生命中最重要的事，是樂於享受當下。」此外，我們已經知道試著讓自己過得幸福可以帶來諸多好處，而且還具有傳染力。因此，追求幸福對我們來說，是既高尚又十分嚴肅的目標。

如果你想追求或改善某件事，理所當然要清楚知道目標是什麼。人們時常以自身對整體生活的滿意度來衡量是否幸福，但實際上隨著時間而改變的感受，才真正適合用來評估。自我評估是被廣泛建構的概念，因此我認同丹尼爾．康納曼的說法，**在決定做出何種行為時，我們往往太在意決定，而不是感受。**撇開其他的不談，我希望這本書，能說服各位多傾聽內心真正的感受，而不光只是反思自己有多幸福，或應該要多幸福。

要記住一點，覺得活得幸福與否是融合愉悅和目標感，而非只是關注普遍狹隘定義的情緒感受。打從我們一出生開始，都應該想辦法讓自己和所愛之人的愉悅和目標感最大化，直到終於化為塵埃。政策制定者也要這麼做，在設計公共政策時，務必將這一事實納入考量：我們其實都關心社會上的弱勢族群。愛、生命和宇宙，都與「愉悅—目標原則」有所關聯。

「愉悅—目標原則」，也可用來解釋一些看似古怪的行為。請讓我再次，也是最後一次以身為業餘健身愛好者的經驗為例（除了家人和工作之外，健身是我生活中最主要的一部分）。從表面上看來，健美比賽還真沒有什麼意思。那些肌肉棒子（健美比賽的參賽者絕大多數是男性）花了大把時間鍛鍊和吃進許多食物以增加肌肉量，然後再花三個月左右時間節食，好讓身體能維持肌肉量，同時將體脂率降至約3%的水準。賽前兩周是最難熬的階段，為提升肌肉量、同時甩掉脂肪，這幾天選手只能吃雞肉和豆子。到了上台前兩天，為讓肌肉看起來更雄偉，選手在清醒時需每隔1小時就要交替吃烤馬鈴薯和蘋果。

這一切努力，都只為了那短短幾秒鐘展現的肌肉。那一身健壯的肌肉，連跳探戈的男舞者都會自愧不如——最精采的部分是，健美選手只穿一條小到不行的比基尼褲。大部分的人都知道自己不太可能贏得比賽，即便贏了，獎品也不過是座俗氣的獎盃，價值遠不及為比賽所付出的成本。但如果可以從「愉悅—目標原則」的角度去檢視健身這件事，便會覺得這些行為都是有道理的。控制飲食雖然痛苦，但同時也具有明確目標，那就是挑戰身體的極限。

有時候某些事既不令人愉悅，也沒能帶給我們太大的目標感，不過我們還是會願意為了自己或所愛之人將來的幸福，犧牲自己現在的幸福。可是，如果你認為自己現在的行為不會帶來好處，也無法讓他人受益，那麼答案已經相當明顯：該是時候改變了。正如那則老掉牙的笑話，某個人說：「前幾天我去看醫生，我告訴醫生：『我做這個動作時，會覺得很痛。』醫生告訴我：『那就別這麼做了。』」我認為，我們常把幸福當成是種可以交換的物品，就像金錢一樣總是有進有出。然而，為了某個永遠不會用到的場合存錢，基本上是在存心酸的；為了不知何時才會到來的幸福而放棄當下的幸福，才是一場真正的悲劇。

從分配的角度來看，身為經濟學家的我認為注意力是稀少資源；同時身為心理學家的我則認為，環境會吸引我們的潛意識注意力，但我們也能做到有意識地分配注意力。使我們變得不幸福的可能性不勝枚舉，不過我們可以利用幸福製程的三步驟：**決定、設計及實踐**，來重新分配注意力，進而獲得更多幸福。

從小處「輕推」，邁向幸福人生

數一數以下句子，出現幾個字母「f」：Finished files are the result of years of scientific study combined with the experience of years.

你數了幾個？3個還是6個？答案是6個，但如果你的答案是3個，表示你跟大部分的人一樣，沒注意到「of」這個單字裡也有「f」。打個比方，假使關注「of」裡的「f」(把它當成是幸福製程的投入物）會令你痛苦，那麼選擇忽略它們才是上策。同樣地，假如只注意那些「f」，也許能令你變得幸福，那麼你就應該仔細注意這句話的每個字（也就是，注意幸福製程中的每樣投入物)，然後透過決定、設計並實踐的方式，讓自己集中注意力在那些能令你幸福的事物上，從而獲得更大的幸福。

我之所以能克服講話結巴的問題，一部分是我決定要對「講話流利」這件事抱持更實際的期望；另一部分是我透過設計「預設默許」和「許下承諾」，逼自己正視這個問題；再來是我透過做一些事以防止自己胡思亂想，導致加深對當眾演說的恐懼及妄想別人會取笑我。你可能心中也有一些煩惱，其影響力或許不亞於結巴所帶給我的困擾，所以解決方式說不定也差不多。只要重新分配注意力，你也可以變得更幸福。

總之，現在各位應該懂得與其強逼自己洗心革面或徹底過著截然不同的生活方式，不如從小處「輕推」會更管用，然後穩健地邁向更幸福的人生。如果你認為自己的行為都是受情境脈絡牽引，而非發自內心，那麼就應該多沉浸在能使你更快樂的情境，並遠離那些令你不快的場合。我們要學著控制自己想待在什麼樣的情境中，因為一旦進入某種情境後，就會較難控制自己將做出什麼行為。

「注意力」(attention) 的英語源自拉丁語，意思是「伸手去拿」(reach torward)。我衷心希望各位現在已經準備好伸手去拿那座人生大獎：利用「愉悅—目標原則」，讓自己過得超幸福。從現在起，各位將離那座大獎越來越近。只要花更多時間關注能令你幸福之事，就會越來越幸福。停止去做令你痛苦之事。改變你的行為，而不是想法。我們的行為說明了我們是什麼樣的人，而我們是否幸福則來自我們所關注的事物，所以應該去注意令你開心之事，也應該去關心能讓你幸福之人。

幸福緩和操時間

在各位去喝杯咖啡或做其他事情前，我希望各位再做一件事。還記得本書一開頭做過的暖身練習嗎？我希望各位可以再做一次。理由很簡單，因為現在我們已經分得清楚什麼是愉悅和目標感了。

接下來有20個項目，跟暖身練習的題目一樣。哪兩項能帶你最多愉悅感？哪兩項能帶給你最多目標感？無論你的答案有沒有改變，我希望這本書，能幫助各位更明白哪些事能帶給你愉悅，哪些事能帶給你目標感。

現在，請針對選出的四個項目的達成難易度評分，0分表示「很容易做到」；10分表示「很難做到」。先評比那兩個能帶給你最多愉悅感的項目，接著評比那兩個能帶給你最多目標感的。我衷心希望現在各位會覺得那些項目更容易達成了，或者你更有野心想獲得那些項目。

現在，真的到了結束時刻。在撰寫本書過程中，我這位「幸福教授」，是真心感到非常地幸福快樂，順利寫完這本書更令我開心不已。我希望藉由閱讀這本書，能使各位不只成為一位情感豐富的享樂主義者，還能帶來許多愉悅和目標感，當然更希望你們這一生會越來越幸福。

關於要如何寫下此書結尾，我想了很久，尤其是因為結

		最令我感到愉悅	最令我感到有目標	達成難易度（1至10分）
1	更多的錢			
2	新體驗			
3	小孩			
4	更多親子時間			
5	孩子離家獨立			
6	新伴侶			
7	更多睡眠			
8	更多性愛			
9	更短的通勤距離			
10	更多時間與朋友相聚			
11	新房子			
12	新工作			
13	新老闆			
14	新同事			
15	更常運動			
16	身體更健康			
17	體態更苗條			
18	戒菸			
19	更多假期			
20	寵物			

尾的內容可能會成為各位對這本書的最後記憶。所以，請容我再強調一次，將來的幸福無法弭平當下的痛苦，失去的幸福如覆水難收。現在，你應該已經充滿注意力能量了，趕快出發去尋找每一天的愉悅和目標感吧！

致謝

我本來應該在這裡寫「光靠我一人，是沒辦法寫出這本書的……」。不過，這樣寫好像不太對，因為我確實可以自己寫完一本書——只是那本書不會像現在這本一樣好。我受到許多人的幫助，才完成這本《設計幸福》，我以這本書為傲，我也希望他們也能引以為傲。這些幕後功臣包括：我的最佳隊友萊絲，她總是悉心照顧孩子，讓我有時間寫作。她的優點數也數不完，她讓我懂得腳踏實地，也讓我總是開懷大笑。

謝謝我的心靈導師丹尼爾．康納曼，他是我所認識的最聰明、最好的人。

感謝幸福學專家蘿拉．庫德納，她總是在電話和電腦的另一端傾聽我的煩惱，幫助我連貫思緒，並協助我找出佐證的證據，雖然她比較常反駁我提出的意見。她也負責分析本書第二章提到的有關愉悅和目標的數據。她的工作能力帶給我莫大幫助，特別是在本書接近結尾時，她的表現更是亮眼。

感謝以下的各位提供寶貴學術協助：麗茲・普蘭克從頭到尾都很支持我，並為這本書找出許多有趣的研究，從而催生出許多點子；凱特・拉凡，她分析英國國家統計局資料的速度，還創下了新的紀錄。感謝丹尼爾・戴維斯（Daniel Davis）與瑪瑞塔・史奈鄧（Merata Snedden），二位學者在本書初期給予協助。感謝共同進行研究工作的關鍵學者，謝謝他們為本書提供資料，也謝謝他們提供詳細的意見：羅伯・梅特卡夫從成為我的博士生以來，我就視他為己出，不過他將來的成就可能會超越我（到時候，我應該就不會再這麼喜歡他了）；大衛・布雷弗德是一位才學出眾的經濟學家，他總能看見我身上的經濟學家影子；喬治・卡維楚斯和馬蒂歐・珈利津是相當聰明的博士後研究員，也是我所認識的最善良的人；任教於倫敦經濟學院的葛蕾絲・洛登及凱洛琳・魯迪西爾，她們是既優秀又懂得如何幫助我的講師；還有伊沃・維勒夫提出幾個與眾不同、卻都是一流的的點子。

感謝提供建議的幾位好朋友：米格爾・拉布里斯・哈格維茲（Miguel Llabres Hargreaves）是我最要好的朋友；狄克西・迪恩（Dixie Deane）是我健身的好夥伴；寶拉・史奇德摩（Paula Skidmore）提供我一些有關運動的好點子；丹尼爾・藤原（Daniel Fujiwara）是一位出色的博士生，也是分析幸福數據的魔法師；兩位外科醫生東・金（Dom King）及亨利．李（Henry Lee），我有幸擔任他們博士學位的指導；麗莎．魏特（Lisa Witter）對本書初版稿提出重要改善意見；奧利弗．哈里森（Oliver Harrison）提供幾項獨到見解；克蘿伊．弗依（Chloe Foy）在寫作本書的關鍵時刻給予我一些修改的靈感；史帝夫．馬丁（Steve Martin）幫我設定本書調性；以及海倫．寇依爾（Helen Coyle）指引我正確的寫作方向。

感謝我的出版經紀人馬克斯．布洛克曼（Max Brockman），幫忙撰寫這本書的提案，並完成這本書的書約。

感謝對我深具信心的編輯：謝謝克莉絲蒂娜．羅德里格斯（Christina Rodriguez）和艾莉西絲．克許朋（Alexis Kirschbaum）對這本書的支持，並協助我呈現資料的方式，如果讓我自己來弄，這本書肯定無法引起讀者的共鳴。

感謝所有人，如果要以朋友的質量來評斷一個人，那麼我肯定是個相當棒的人——或者是個相當幸運之人。你們不只讓我變得更幸福，更重要的是，你們每天都不斷地帶給我更多愉悅和目標感。

註釋

序 章 從期期艾艾到幸福美滿

1. Gordon N. Stuttering: incidence and causes. *Developmental Medicine & Child Neurology* 2002; 44: 278-82.
2. Peters ML, Sorbi MJ, Kruise DA, Kerssens JJ, Verhaak PF, Bensing JM. Electronic diary assessment of pain, disability and psychological adaptation in patients differing in duration of pain. *Pain* 2000; 84: 181-92.
3. James W. Does consciousness exist? In: The William James reader: vol. 1. Wilder Publications, 1898.
4. Currie J, Vigna SD, Moretti E, Pathania V. The effect of fast food restaurants on obesity and weight gain. *American Economic Journal: Economic Policy* 2010; 2: 32-63.
5. Mazar N, Amir O, Ariely D. The dishonesty of honest people: a theory of self-concept maintenance. *Journal of Marketing Research* 2008; 45: 633- 44.

第一章　什麼是幸福？

1. Kahneman D, Riis J. Living, and thinking about it: two perspectives on life. *Science of Well-Being* 2005: 285-304.
2. Clark AE. What really matters in a job? Hedonic measurement using quit data. *Labour Economics* 2001; 8: 223-42; Hirschberger G, Srivastava S, Marsh P, Cowan CP, Cowan PA. Attachment, marital satisfaction, and divorce during the first fifteen years of parenthood. *Personal Relationships* 2009; 16: 401-20.
3. Feldman F. Pleasure and the good life: concerning the nature, varieties, and plausibility of hedonism. Oxford University Press, 2004; Haybron DM. The pursuit of unhappiness: the elusive psychology of well-being. Oxford University Press, 2008.
4. Vittersø J, Oelmann HI, Wang AL. Life satisfaction is not a balanced estimator of the good life: evidence from reaction time measures and self-reported emotions. *Journal of Happiness Studies* 2009; 10: 1-17.
5. Deaton A. The financial crisis and the well-being of Americans: 2011 OEP Hicks Lecture. *Oxford Economic Papers* 2011; 64: 1-26.
6. Schwarz N, Strack F, Mai H-P. Assimilation and contrast effects in part-whole question sequences: a conversational logic analysis. *Public Opinion Quarterly* 1991; 55: 3-23.
7. Watson D, Tellegen A. Toward a consensual structure of mood. P*sychological Bulletin* 1985; 98: 219-35.
8. Kahneman D, Deaton A. High income improves evaluation of life but not emotional well-being. *Proceedings of the National Academy of Sciences* 2010; 107: 16489-93.
9. Bentham J. An introduction to the principles of morals and legislation. Oxford University Press, 1907.

10. Watson D, Tellegen A. Toward a consensual structure of mood. *Psychological Bulletin* 1985; 98: 219-35.
11. Mauss I, Wilhelm F, Gross J. Is there less to social anxiety than meets the eye? Emotion experience, expression, and bodily responding. *Cognition & Emotion* 2004; 18: 631-42.
12. Oliver MB, Hartmann T. Exploring the role of meaningful experiences in users' appreciation of good movies. *Projections* 2010; 4: 128-50.
13. Ryff CD. Psychological well-being in adult life. *Current Directions in Psychological Science* 1995; 4: 99-104.
14. Nelson SK, Kushlev K, English T, Dunn EW, Lyubomirsky S. In defense of parenthood: children are associated with more joy than misery. *Psychological Science* 2013; 24: 3-10.
15. Dolan P, Metcalfe R. Comparing measures of subjective well-being and views about the role they should play in policy. Office for National Statistics, 2011.
16. Vitaglione GD, Barnett MA. Assessing a new dimension of empathy: empathic anger as a predictor of helping and punishing desires. *Motivation and Emotion* 2003; 27: 301-25; Harmon-Jones E, Harmon-Jones C, Price TF. What is approach motivation? *Emotion Review* 2013; 5: 291-95.
17. Hopfensitz A, Reuben E. The importance of emotions for the effectiveness of social punishment. *Economic Journal* 2009; 119: 1534-59.
18. Hansen T. Parenthood and happiness: a review of folk theories versus empirical evidence. *Social Indicators Research* 2012; 108: 29-64.
19. Kirchgessner M, Vlaev I, Rutledge R, Dolan P, Sharot T. Happiness in action: using measures of pleasure and purpose to predict choice. Under review, 2013.

20. Einstein A. Relativity: the special and general theory. Henry Holt, 1920.
21. O'Brien EH, Anastasio PA, Bushman BJ. Time crawls when you're not having fun: feeling entitled makes dull tasks drag on. *Personality and Social Psychology Bulletin* 2011; 37: 1287-96; Eastwood JD, Frischen A, Fenske MJ, Smilek D. The unengaged mind: defining boredom in terms of attention. *Perspectives on Psychological Science* 2012; 7: 482-95.
22. Harris C, Laibson D. Instantaneous gratification. *Quarterly Journal of Economics* 2013; 128: 205-48.
23. Dehaene S. The neural basis of the Weber-Fechner law: a logarithmic mental number line. *Trends in Cognitive Sciences* 2003; 7: 145-47.
24. Guven C, Senik C, Stichnoth H. You can't be happier than your wife. Happiness gaps and divorce. *Journal of Economic Behavior & Organization* 2012; 82: 110-30.
25. Proto E, Sgroi D, Oswald AJ. Are happiness and productivity lower among young people with newly-divorced parents? An experimental and econometric approach. *Experimental Economics* 2012; 15: 1-23.
26. Hinks T, Katsoris A. Smoking ban and life satisfaction: evidence from the UK. *Economic Issues* 2012; 17: 23-48.
27. Roese NJ, Summerville A. What we regret most . . . and why. *Personality and Social Psychology Bulletin* 2005; 31: 1273-85; Zeelenberg M, Van den Bos K, Van Dijk E, Pieters RGM. The inaction effect in the psychology of regret. *Journal of Personality and Social Psychology* 2002; 82: 314-27.
28. Kivetz R, Keinan A. Repenting hyperopia: an analysis of self-control regrets. *Journal of Consumer Research* 2006; 33: 273-82.

29. Wittgenstein L. Philosophical investigations, 4th edition. Wiley-Blackwell, 2009.
30. Russell B. Autobiography. Routledge, 1998.

第二章 關於幸福，我們了解多少？

1. Scollon CN, Kim-Prieto C, Diener E. Experience sampling: promises and pitfalls, strengths and weaknesses. *Journal of Happiness Studies* 2003; 4: 5-34.
2. Kahneman D, Krueger AB, Schkade DA, Schwarz N, Stone AA. A survey method for characterizing daily life experience: the day reconstruction method. *Science* 2004; 306: 1776-80.
3. White MP, Dolan P. Accounting for the richness of daily activities. *Psychological Science* 2009; 20: 1000-1008.
4. Csikszentmihalyi M, Hunter J. Happiness in everyday life: the uses of experience sampling. *Journal of Happiness Studies* 2003; 4: 185-99; Dimotakis N, Scott BA, Koopman J. An experience sampling investigation of workplace interactions, affective states, and employee well-being. *Journal of Organizational Behavior* 2011; 32: 572-88.
5. Anxo D, Mencarini L, Pailhé A, Solaz A, Tanturri ML, Flood L. Gender differences in time use over the life course in France, Italy, Sweden, and the US. *Feminist Economics* 2011; 17: 159-95.
6. Verbrugge LM, Gruber-Baldini AL, Fozard JL. Age differences and age changes in activities: Baltimore longitudinal study of aging. *Journal of Gerontology B: Psychological and Social Sciences* 1996; 51B: S30-S41.
7. Hamermesh DS, Lee J. Stressed out on four continents: time crunch or yuppie kvetch? *Review of Economics and Statistics* 2007; 89: 374-

83.

8. Dolan P, Peasgood T, White M. Do we really know what makes us happy? A review of the economic literature on the factors associated with subjective well-being. *Journal of Economic Psychology* 2008; 29: 94-122.
9. Layard R, Mayraz G, Nickell S. The marginal utility of income. *Journal of Public Economics* 2008; 92: 1846-57.
10. Fujiwara D. Valuing the impact of adult learning. NIACE Research Paper, 2012.
11. Schwandt H. Unmet aspirations as an explanation for the age U-shape in human wellbeing. Centre for Economic Performance, CEP Discussion Paper No. 1229, 2013.
12. Deaton A, Stone AA. Grandpa and the snapper: the wellbeing of the elderly who live with children. National Bureau of Economic Research,2013.
13. Frijters P, Beatton T. The mystery of the U-shaped relationship between happiness and age. *Journal of Economic Behavior & Organization* 2012; 82: 525-42.
14. Peasgood T. Measuring wellbeing for public policy. Imperial College London, 2008; Oishi S, Diener E, Lucas R. The optimum level of well-being: can people be too happy? *Perspectives on Psychological Science* 2007; 2: 346-60.
15. Eichhorn J. Happiness for believers? Contextualizing the effects of religiosity on life-satisfaction. *European Sociological Review* 2012; 28: 583-93.
16. Schimmack U, Oishi S, Furr RM, Funder DC. Personality and life satisfaction: a facet-level analysis. *Personality and Social Psycholo-*

gy Bulletin 2004; 30: 1062-75.

17. Sutin A, Costa Jr P, Wethington E, Eaton W. Turning points and lessons learned: stressful life events and personality trait development across middle adulthood. *Psychology and Aging* 2010; 25: 524-33.
18. Oswald AJ, Powdthavee N. Does happiness adapt? A longitudinal study of disability with implications for economists and judges. *Journal of Public Economics* 2008; 92: 1061-77; Lucas RE. Adaptation and the set-point model of subjective well-being: does happiness change after major life events? *Current Directions in Psychological Science* 2007; 16: 75-79.
19. Lucas RE, Clark AE, Georgellis Y, Diener E. Reexamining adaptation and the set point model of happiness: reactions to changes in marital status. *Journal of Personality and Social Psychology* 2003; 84: 527.
20. Dolan P, Layard R, Metcalfe R. Measuring subjective well-being for public policy. Office for National Statistics, 2011.
21. First ONS annual experimental subjective well-being results. Office for National Statistics, 2012.
22. Stevenson BA, Wolfers J. Paradox of declining female happiness. *American Law & Economics Association Annual Meetings*, Paper 107, 2008.
23. How's life? measuring well-being, OECD Publishing, 2011: http:// dx. doi. org/ 10. 1787/ 9789264121164-en.
24. Dolan P, Kavetsos G. Happy talk: mode of administration effects on subjective well-being. Centre for Economic Performance, CEP Discussion Paper No. 1159, 2012.
25. Deaton A, Arora R. Life at the top: the benefits of height. *Economics & Human Biology* 2009; 7: 133-36.

26. Hosoda M, Stone-Romero EF, Coats G. The effects of physical attractiveness on job-related outcomes: a meta-analysis of experimental studies. *Personnel Psychology* 2003; 56: 431-62.
27. Krueger AB, Mueller AI. Time use, emotional well-being, and unemployment: evidence from longitudinal data. *American Economic Review* 2012; 102: 594-99; Knabe A, Rätzel S, Schöb R, Weimann J. Dissatisfied with life but having a good day: time-use and well-being of the unemployed. *Economic Journal* 2010; 120: 867-89.
28. Weiss A, King JE, Inoue-Murayama M, Matsuzawa T, Oswald AJ. Evidence for a midlife crisis in great apes consistent with the U-shape in human well-being. *Proceedings of the National Academy of Sciences* 2012; 109: 19949-52.
29. O'Brien E, Konrath SH, Grühn D, Hagen AL. Empathic concern and perspective taking: linear and quadratic effects of age across the adult life span. *Journal of Gerontology B: Psychological and Social Sciences* 2013; 68: 168-75.
30. Stone AA, Schwartz JE, Broderick JE, Deaton A. A snapshot of the age distribution of psychological well-being in the United States. *Proceedings of the National Academy of Sciences* 2010; 107: 9985-90.
31. Carstensen LL, Turan B, Scheibe S, et al. Emotional experience improves with age: evidence based on over 10 years of experience sampling. *Psychology and Aging* 2011; 26: 21-33.
32. Dolan P, Kudrna L. More years, less yawns: fresh evidence on tiredness by age and other factors. *Journal of Gerontology B: Psychological and Social Sciences* 2013.

第三章 幸福來自何處？

1. Ockham W. Philosophical writings: a selection. Hackett, 1990.
2. DellaVigna S. Psychology and economics: evidence from the field. *Journal of Economic Literature* 2009; 47: 315-72.
3. Hossain T, Morgan J. . . . Plus shipping and handling: revenue (non) equivalence in field experiments on eBay. *Advances in Economic Analysis & Policy* 2006; 5.
4. Davenport TH, Beck JC. The attention economy: understanding the new currency of business. Harvard Business Press, 2002.
5. Kaplan S, Berman MG. Directed attention as a common resource for executive functioning and self-regulation. *Perspectives on Psychological Science* 2010; 5: 43-57.
6. Maguire EA, Gadian DG, Johnsrude IS, et al. Navigation-related structural change in the hippocampi of taxi drivers. *Proceedings of the National Academy of Sciences* 2000; 97: 4398-4403.
7. Chabris C, Simons D. The invisible gorilla: and other ways our intuition deceives us. HarperCollins, 2011.
8. Drew T, Võ ML-H, Wolfe JM. The invisible gorilla strikes again: sustained inattentional blindness in expert observers. *Psychological Science* 2013.
9. Haynes A, Weiser T, Berry W, Lipsitz S, Breizat A, Dellinger E, Herbosa T, et al. A surgical safety checklist to reduce morbidity and mortality in a global population. *New England Journal of Medicine* 2009; 360: 491-99.
10. Harmer M. The case of Elaine Bromiley: independent review on the care given to Mrs Elaine Bromiley on 29 March 2005. Clinical Human Factors Group, 2005.

11. Stanton NA, Young MS. Driver behaviour with adaptive cruise control. *Ergonomics* 2005; 48: 1294-1313; Vahidi A, Eskandarian A. Research advances in intelligent collision avoidance and adaptive cruise control. *IEEE Transactions on Intelligent Transportation Systems* 2003; 4: 143-53.
12. Laycock T. Mind and brain. Sutherland & Knox, 1860.
13. Dijksterhuis A, Nordgren LF. A theory of unconscious thought. *Perspectives on Psychological Science* 2006; 1: 95-109.
14. Kahneman D. Thinking, fast and slow. Penguin, 2011.
15. Ritzer G. The McDonaldization of society. Pine Forge Press, 2010.
16. Zhong CB, DeVoe SE. You are how you eat: fast food and impatience. *Psychological Science* 2010; 21: 619-22.
17. Hill RA, Barton RA. Psychology: red enhances human performance in contests. *Nature* 2005; 435: 293.
18. North AC, Hargreaves DJ, McKendrick J. The influence of in-store music on wine selections. *Journal of Applied Psychology* 1999; 84: 271.
19. Alter A. Drunk tank pink: and other unexpected forces that shape how we think, feel, and behave. Penguin, 2013.
20. Bojinov H, Sanchez D, Reber P, Boneh D, Lincoln P. Neuroscience meets cryptography: designing crypto primitives secure against rubber hose attacks. *Proceedings of the 21st USENIX Security Symposium* 2012: 129-41.
21. Bargh JA. The automaticity of everyday life. Lawrence Erlbaum, 1997.
22. Wilson T. Strangers to ourselves: discovering the adaptive unconscious. Harvard University Press, 2002.

23. Lally P, Gardner B. Promoting habit formation. *Health Psychology Review* 2013; 7: S137-S158.
24. Margolis SV. Authenticating ancient marble sculpture. *Scientific American* 1989; 260: 104-10; Gladwell M. Blink: the power of thinking without thinking. Penguin, 2006.
25. Genakos C, Pagliero M. Risk taking and performance in multistage tournaments: evidence from weightlifting competitions. Centre for Economic Performance, CEP Discussion Paper No. 928, 2009.
26. Stroop JR. Studies of interference in serial verbal reactions. *Journal of Experimental Psychology* 1935; 18: 643.
27. MacLeod CM. Half a century of research on the Stroop effect: an integrative review. *Psychological Bulletin* 1991; 109: 163.
28. Tuk MA, Trampe D, Warlop L. Inhibitory spillover increased urination urgency facilitates impulse control in unrelated domains. *Psychological Science* 2011; 22: 627-33.
29. Dolan P, Galizzi M. Because I'm worth it: experimental evidence on the spill-Over effects of incentives. Centre for the Study of Incentives in Health. In press.
30. Mallam KM. Contribution of timetabled physical education to total physical activity in primary school children: cross sectional study. *British Medical Journal* 2003; 327: 592-93.
31. Metcalf B. Physical activity cost of the school run: impact on schoolchildren of being driven to school (EarlyBird 22). *British Medical Journal* 2004; 329: 832-33.
32. Monin B, Miller DT. Moral credentials and the expression of prejudice. *Journal of Personality and Social Psychology* 2001; 81: 33-43.
33. Effron DA, Cameron JS, Monin B. Endorsing Obama licenses fa-

voring whites. *Journal of Experimental Social Psychology* 2009; 45: 590-93.

34. Zhong CB, Liljenquist K. Washing away your sins: threatened morality and physical cleansing. *Science* 2006; 313: 1451-52.
35. Kahneman D, Thaler RH. Anomalies: utility maximization and experienced utility. *Journal of Economic Perspectives* 2006; 20: 221-34.
36. Metcalfe R, Powdthavee N, Dolan P. Destruction and distress: using a quasi-experiment to show the effects of the September 11 attacks on mental well-being in the United Kingdom. *Economic Journal* 2011; 121: F81-F103.
37. Schkade DA, Kahneman D. Does living in California make people happy? A focusing illusion in judgments of life satisfaction. *Psychological Science* 1998; 9: 340-46.
38. Bradford WD, Dolan P. Getting used to it: the adaptive global utility model. *Journal of Health Economics* 2010; 29: 811-20.
39. Oswald AJ, Powdthavee N. Obesity, unhappiness, and the challenge of affluence: theory and evidence. *Economic Journa*l 2007; 117: 441-54.
40. Samaan Z, Anand S, Zhang X, et al. The protective effect of the obesity-associated rs9939609: a variant in fat mass-and obesity-associated gene on depression. *Molecular Psychiatry*, 2012.
41. Katsaiti MS. Obesity and happiness. *Applied Economics* 2012; 44: 4101-14.
42. Graham C, Felton A. Variance in obesity across countries and cohorts. Unpublished working paper, 2007.
43. Gilbert DT, Pinel EC, Wilson TD, Blumberg SJ, Wheatley TP. Immune neglect: a source of durability bias in affective forecasting.

Journal of Personality and Social Psychology 1998; 75: 617; Wilson TD, Gilbert DT. Affective forecasting. *Advances in Experimental Social Psychology* 2003; 35: 345-411.

44. Schaller M, Miller GE, Gervais WM, Yager S, Chen E. Mere visual perception of other people's disease symptoms facilitates a more aggressive immune response. *Psychological Science* 2010; 21: 649-52.
45. Di Tella R, Haisken-De New J, MacCulloch R. Happiness adaptation to income and to status in an individual panel. *Journal of Economic Behavior & Organization* 2010; 76: 834-52.
46. Dolan P, Powdthavee N. Thinking about it: a note on attention and well-being losses from unemployment. *Applied Economics Letters* 2012; 19: 325-28.
47. Weinstein ND. Community noise problems: evidence against adaptation. *Journal of Environmental Psychology* 1982; 2: 87-97.
48. Cohen S, Glass DC, Singer JE. Apartment noise, auditory discrimination, and reading ability in children. *Journal of experimental social psychology* 1973; 9: 407-22.
49. Passàli GC, Ralli M, Galli J, Calò L, Paludetti G. How relevant is the impairment of smell for the quality of life in allergic rhinitis? *Current Opinion in Allergy and Clinical Immunology* 2008; 8: 238-42.
50. Wilson TD, Gilbert DT. Explaining away: a model of affective adaptation. *Perspectives on Psychological Science* 2008; 3: 370-86.
51. Dolan P, Selya-Hammer C, Bridge JA, Kudrna L. The impact of cancer on the preferences and subjective wellbeing of patients and their carer. Under review, 2013.
52. Wiggins S, Whyte P, Huggins M, et al. The psychological consequences of predictive testing for Huntington's disease. *New England*

Journal of Medicine 1992; 327: 1401-5.

53. Gardner, J, Oswald A. Do divorcing couples become happier by breaking up? *Journal of the Royal Statistical Society: Series A (Statistics in Society)* 2006; 169: 319-36.
54. Loewenstein G, Thaler RH. Anomalies: intertemporal choice. *Journal of Economic Perspectives* 1989; 3: 181-93.
55. Loewenstein G. Anticipation and the valuation of delayed consumption. *Economic Journal* 1987; 97: 666-84.
56. Forrest D, Simmons R. Outcome uncertainty and attendance demand in sport: the case of English soccer. *Journal of the Royal Statistical Society: Series D (The Statistician)* 2002; 51: 229-41.

第四章　為何我們總覺得不夠幸福？

1. Benjamin DJ, Heffetz O, Kimball MS, Rees-Jones A. What do you think would make you happier? What do you think you would choose? *American Economic Review* 2012; 102: 2083-2110.
2. Benjamin DJ, Heffetz O, Kimball MS, Rees-Jones A. Do people seek to maximize happiness? Evidence from new surveys. National Bureau of Economic Research, 2010.
3. Koepp MJ, Gunn RN, Lawrence AD, et al. Evidence for striatal dopamine release during a video game. *Nature* 1998; 393: 266-68.
4. Nickerson C, Schwarz N, Diener E, Kahneman D. Zeroing in on the dark side of the American dream: a closer look at the negative consequences of the goal for financial success. *Psychological Science* 2003; 14: 531-36.
5. Translated and as it appears in Coelho, Paulo. (2010) The fisherman and the businessman. Paulo Coelho's Blog. [online] http:// paulocoel-

hoblog. com/ 2010/ 09/ 08/the-fisherman-and-the-businessman.
6. Akerlof GA, Kranton RE. Economics and identity. *Quarterly Journal of Economics* 2000; 115: 715-53.
7. Loewenstein G. Because it is there: the challenge of mountaineering... for utility theory. *Kyklos* 1999; 52: 315-43.
8. Medvec VH, Madey SF, Gilovich T. When less is more: counterfactual thinking and satisfaction among Olympic medalists. *Journal of Personality and Social Psychology* 1995; 69: 603.
9. Dockery AM. The happiness of young Australians: empirical evidence on the role of labour market experience. *Economic Record* 2005; 81: 322-35.
10. Career Happiness Index 2012:| City & Guilds. http:// www. cityandguilds. com/ About-Us/Broadsheet-News/November-2012/Careers-Happiness-Index-2012.
11. Nozick R. Anarchy, state, and utopia. Basic Books, 1977.
12. Dolan P. Happiness questions and government responses: a pilot study of what the general public makes of it all. *Revue d'économie politique* 2011; 121: 3-15.
13. Dolan P, White MP. How can measures of subjective well-being be used to inform public policy? *Perspectives on Psychological Science* 2007; 2:71-85.
14. Dolan P, Peasgood T. Measuring well-being for public policy: preferences or experiences? *Journal of Legal Studies* 2008; 37: S5-S31.
15. Crisp R. Hedonism reconsidered. *Philosophy and Phenomenological Research* 2006; 73: 619-45.
16. Dolan P, Peasgood T. Measuring well-being for public policy: preferences or experiences? *Journal of Legal Studies* 2008; 37: S5-S31.

17. Cohen S, Doyle WJ, Turner RB, Alper CM, Skoner DP. Emotional style and susceptibility to the common cold. *Psychosomatic Medicine* 2003; 65: 652-57.
18. Neve J-ED, Oswald AJ. Estimating the influence of life satisfaction and positive affect on later income using sibling fixed effects. *Proceedings of the National Academy of Sciences* 2012; 109: 19953-58.
19. Lyubomirsky S, King L, Diener E. The benefits of frequent positive affect: does happiness lead to success? *Psychological Bulletin* 2005; 131: 803-55.
20. Golle J, Mast FW, Lobmaier JS. Something to smile about: the interrelationship between attractiveness and emotional expression. *Cognition & Emotion* 2013: 1-13; Ritts V, Patterson ML, Tubbs ME. Expectations, impressions, and judgments of physically attractive students: a review. *Review of Educational Research* 1992; 62: 413-26; Hamermesh D, Biddle J. Beauty and the labor market. *American Economic Review* 1994; 84: 1174-94.
21. Pinquart M. Creating and maintaining purpose in life in old age: a meta-analysis. *Ageing International* 2002; 27: 90-114.
22. Siegenthaler KL, O'Dell I. Older golfers: serious leisure and successful aging. *World Leisure Journal* 2003; 45: 45-52; Whaley DE, Ebbeck V. Self-schemata and exercise identity in older adults. *Journal of Aging and Physical Activity* 2002; 10: 245-59.
23. Hackman JR, Oldham G, Janson R, Purdy K. A new strategy for job enrichment. *California Management Review* 1975; 17: 57-71; Steger MF, Dik BJ, Duffy RD. Measuring meaningful work: the work and meaning inventory(WAMI). *Journal of Career Assessment* 2012; 20: 322-37.

24. Wegner L, Flisher AJ, Chikobvu P, Lombard C, King G. Leisure boredom and high school dropout in Cape Town, South Africa. *Journal of Adolescence* 2008; 31: 421-31.
25. Tsapelas I, Aron A, Orbuch T. Marital boredom now predicts less satisfaction nine years later. Psychological Science 2009; 20: 543-45.
26. Schkade DA, Kahneman D. Does living in California make people happy? A focusing illusion in judgments of life satisfaction. *Psychological Science* 1998; 9: 340-46.
27. Kahneman D. Thinking, fast and slow. Penguin, 2011.
28. Xu J, Schwarz N. How do you feel while driving your car? Depends on how you think about it. Unpublished working paper, 2006.
29. Dolan P, Gudex C, Kind P, Williams A. The time trade-off method: results from a general population study. *Health Economics* 1996; 5: 141-54.
30. Dolan P. Modelling valuations for EuroQol health states. *Medical Care* 1997; 35: 1095-1108.
31. Dolan P. Using happiness to value health. Office of Health Economics, 2011.
32. Dolan P, Loomes G, Peasgood T, Tsuchiya A. Estimating the intangible victim costs of violent crime. *British Journal of Criminology* 2005; 45: 958-76.
33. Dolan P, Kahneman D. Interpretations of utility and their implications for the valuation of health. *Economic Journal* 2008; 118: 215-34.
34. Shaw JW, Johnson JA, Coons SJ. US valuation of the EQ-5D health states: development and testing of the D1 valuation model. *Medical Care* 2005; 43: 203-20.
35. Dolan P, Metcalfe R. Valuing health: a brief report on subjective well-

being versus preferences. *Medical Decision Making* 2012; 32: 578-82.

36. Menzel P, Dolan P, Richardson J, Olsen JA. The role of adaptation to disability and disease in health state valuation: a preliminary normative analysis. *Social Science & Medicine* 2002; 55: 2149-58.
37. Dolan P, Kavetsos G, Tsuchiya A. Sick but satisfied: the impact of life and health satisfaction on choice between health scenarios. *Journal of Health Economics* 2013; 32: 708-14.
38. Smith A. The theory of moral sentiments. Strahan, 1759.
39. Dolan P, Metcalfe R. "Oops . . . I did it again": repeated focusing effects in reports of happiness. *Journal of Economic Psychology* 2010; 31: 732-37.
40. Distinction bias: misprediction and mischoice due to joint evaluation. *Journal of Personality and Social Psychology* 2004; 86: 680.
41. Loewenstein G, O'Donoghue T, Rabin M. Projection bias in predicting future utility. *Quarterly Journal of Economics* 2003; 118: 1209-48.
42. Dutton DG, Aron AP. Some evidence for heightened sexual attraction under conditions of high anxiety. *Journal of Personality and Social Psychology* 1974; 30: 510-17.
43. Simonsohn U. Weather to go to college. *Economic Journal* 2010; 120: 270-80.
44. Conlin M, O'Donoghue T, Vogelsang TJ. Projection bias in catalog orders. *American Economic Review* 2007; 97: 1217-49.
45. Read D, van Leeuwen B. Predicting hunger: the effects of appetite and delay on choice. *Organizational Behavior and Human Decision Processes* 1998; 76: 189-205.

46. Chochinov HM, Tataryn D, Clinch JJ, Dudgeon D. Will to live in the terminally ill. *Lancet* 1999; 354: 816-19.
47. Baumeister RF, Vohs KD, DeWall CN, Zhang L. How emotion shapes behavior: feedback, anticipation, and reflection, rather than direct causation. *Personality and Social Psychology Review* 2007; 11: 167-203.
48. Bar-Hillel M, Neter E. Why are people reluctant to exchange lottery tickets? *Journal of Personality and Social Psychology* 1996; 70: 17.
49. Gilbert DT, Morewedge CK, Risen JL, Wilson TD. Looking forward to looking back: the misprediction of regret. *Psychological Science* 2004; 15: 346-50.
50. Kahneman D, Wakker PP, Sarin R. Back to Bentham? Explorations of experienced utility. *Quarterly Journal of Economics* 1997; 112: 375-406.
51. Fredrickson BL, Kahneman D. Duration neglect in retrospective evaluations of affective episodes. *Journal of Personality and Social Psychology* 1993; 65: 45.
52. Wakin D. Ringing finally ended, but there's no button to stop shame. *New York Times*, Jan. 12, 2012.
53. Clark AE, Georgellis Y. Kahneman meets the quitters: peak-end behaviour in the labour market. Unpublished working paper, 2004.
54. Nickerson RS. Confirmation bias: a ubiquitous phenomenon in many guises. *Review of General Psychology* 1998; 2: 175.
55. Mahoney MJ. Publication prejudices: an experimental study of confirmatory bias in the peer review system. *Cognitive Therapy and Research* 1977; 1: 161-75.
56. Ross L. The intuitive psychologist and his shortcomings: distortions

in the attribution process. *Advances in Experimental Social Psychology* 1977; 10: 173-220.

57. Gilbert DT, Malone PS. The correspondence bias. *Psychological Bulletin* 1995; 117: 21.
58. Ouellette JA, Wood W. Habit and intention in everyday life: the multiple processes by which past behavior predicts future behavior. *Psychological Bulletin* 1998; 124: 54.
59. Webb TL, Sheeran P. Does changing behavioral intentions engender behavior change? A meta-analysis of the experimental evidence. *Psychological Bulletin* 2006; 132: 249-68; Astell-Burt T, Feng X, Kolt GS. Greener neighborhoods, slimmer people? Evidence from 246,920 Australians. *International Journal of Obesity* 2013.
60. Frijters P. Do individuals try to maximize general satisfaction? *Journal of Economic Psychology* 2000; 21: 281-304.
61. Festinger L. A theory of cognitive dissonance. Stanford University Press, 1957.
62. Festinger L, Carlsmith JM. Cognitive consequences of forced compliance. *Journal of Abnormal and Social Psychology* 1959; 58: 203-10.
63. Masataka N, Perlovsky L. Music can reduce cognitive dissonance. *Nature Precedings* 2012; Knox R, Inkster J. Postdecision dissonance at post time. *Journal of Personality and Social Psychology* 1968; 8: 319-23; Foster JD, Misra TA. It did not mean anything (about me): cognitive dissonance theory and the cognitive and affective consequences of romantic infidelity. *Journal of Social and Personal Relationships* 2013.
64. Mullainathan S, Washington E. Sticking with your vote: cognitive

dissonance and political attitudes. *American Economic Journal: Applied Economics* 2009; 1: 86-111.

65. Aizer A, Dal Bo P. Love, hate and murder: commitment devices in violent relationships. *Journal of Public Economics* 2009; 93: 412-28.
66. Dolan P, Lordan G. Moving up and sliding down: an empirical assessment of the effect of social mobility on subjective wellbeing. Centre for Economic Performance, CEP Discussion Paper No. 1190, 2013.
67. Graham C, Pettinato S. Frustrated achievers: winners, losers and subjective well-being in new market economies. *Journal of Development Studies* 2002; 38: 100-140.
68. May DR, Gilson RL, Harter LM. The psychological conditions of meaningfulness, safety and availability and the engagement of the human spirit at work. *Journal of Occupational and Organizational Psychology* 2004; 77: 11-37.
69. Schooler J, Ariely D, Loewenstein G. The pursuit and assessment of happiness. In: Brocas I, Carrillo JD, eds. The psychology of economic decisions: vol. 1: rationality and wellbeing. Oxford University Press, 2003.
70. Polivy J, Herman CP. The false-hope syndrome: unfulfilled expectations of self-change. *Current Directions in Psychological Science* 2000; 9: 128-31.
71. Sharot T. The optimism bias: why we're wired to look on the bright side. Constable & Robinson, 2012.
72. Joule R-V, Girandola F, Bernard F. How can people be induced to willingly change their behavior? The path from persuasive communication to binding communication. *Social and Personality Psychology*

Compass 2007; 1: 493-505.

73. Wegner DM, Schneider DJ, Carter SR, White TL. Paradoxical effects of thought suppression. *Journal of Personality and Social Psychology* 1987; 53: 5-13.
74. Hosser D, Windzio M, Greve W. Guilt and shame as predictors of recidivism: a longitudinal study with young prisoners. *Criminal Justice and Behavior* 2008; 35: 138-52.
75. Sifton E. The serenity prayer: faith and politics in times of peace and war. W. W. Norton, 2005.
76. Dennett DC. Intuition pumps and other tools for thinking. Penguin, 2013.
77. Shakespeare W. Macbeth, annotated edition. Wordsworth Editions, 1992.

第五章　帶來幸福的決定

1. Hughes JR, Higgins ST. Nicotine withdrawal versus other drug withdrawal syndromes: similarities and dissimilarities. *Addiction* 1994; 89: 1461-70.
2. Richardson CR, Newton TL, Abraham JJ, Sen A, Jimbo M, Swartz AM. A meta-analysis of pedometer based walking interventions and weight loss. *Annals of Family Medicine* 2008; 6: 69-77.
3. Glynn LG, Murphy AW, Smith SM, Schroeder K, Fahey T. Interventions used to improve control of blood pressure in patients with hypertension. In: The Cochrane Collaboration, Glynn LG, eds. Cochrane Database of Systematic Reviews. John Wiley & Sons, 2010.
4. Wisdom J, Downs JS, Loewenstein G. Promoting healthy choices: information versus convenience. *Americasn Economic Journal: Ap-*

plied Economics 2010; 2: 164-78.

5. Wing RR, Tate DF, Gorin AA, Raynor HA, Fava JL. A self-regulation program for maintenance of weight loss. *New England Journal of Medicine* 2006; 355: 1563-71.
6. Stice E, Yokum S, Blum K, Bohon C. Weight gain is associated with reduced striatal response to palatable food. *Journal of Neuroscience* 2010; 30: 13105-9.
7. Rozin P, Kabnick K, Pete E, Fischler C, Shields C. The ecology of eating: smaller portion sizes in France than in the United States help explain the French paradox. *Psychological Science* 2003; 14: 450-54.
8. Hetherington MM, Anderson AS, Norton GNM, Newson L. Situational effects on meal intake: a comparison of eating alone and eating with others. *Physiology & Behavior* 2006; 88: 498-505.
9. Ogden J, Coop N, Cousins C, et al. Distraction, the desire to eat and food intake: towards an expanded model of mindless eating. *Appetite* 2012.
10. Wansink B, Just DR, Payne CR. Mindless eating and healthy heuristics for the irrational. *American Economic Review* 2009; 99: 165-69.
11. Zajonc RB, Murphy ST, Inglehart M. Feeling and facial efference: implications of the vascular theory of emotion. *Psychological Review* 1989; 96: 395.
12. Niedenthal PM. Embodying emotion. *Science* 2007; 316: 1002-5.
13. Grandey AA, Fisk GM, Mattila AS, Jansen KJ, Sideman LA. Is "service with a smile" enough? Authenticity of positive displays during service encounters. *Organizational Behavior and Human Decision Processes* 2005; 96: 38-55.
14. Umbreit J, Lane KL, Dejud C. Improving classroom behavior by

modifying task difficulty effects of increasing the difficulty of too-easy tasks. *Journal of Positive Behavior Interventions* 2004; 6: 13-20.

15. Hackman JR, Oldham GR. Motivation through the design of work: test of a theory. *Organizational Behavior and Human Performance* 1976; 16: 250-79.
16. Daugherty JR, Brase GL. Taking time to be healthy: predicting health behaviors with delay discounting and time perspective. *Personality and Individual Differences* 2010; 48: 202-7.
17. Goodin RE, Rice JM, Parpo A, Eriksson L. Discretionary time: a new measure of freedom. Cambridge University Press, 2008.
18. Wang M, Sunny Wong MC. Leisure and happiness in the United States: evidence from survey data. *Applied Economics Letters* 2011; 18: 1813-16.
19. Geiselman RE. Enhancement of eyewitness memory: an empirical evaluation of the cognitive interview. *Journal of Police Science & Administration* 1984.
20. Gilbert D. Stumbling on happiness. HarperCollins, 2009.
21. Gilbert D, Killingsworth MA, Eyre RN, Wilson TD. The surprising power of neighborly advice. *Science* 2009; 323: 1617-19.
22. Dobewall H, Realo A, Allik J, Esko T, Metspalu A. Self-other agreement in happiness and life-satisfaction: the role of personality traits. *Social Indicators Research* 2013; 114: 479-92.
23. Lyubomirsky S, Lepper H. A measure of subjective happiness: preliminary reliability and construct validation. *Social Indicators Research* 1999; 46: 137-55.
24. Roberts J, Hodgson R, Dolan P. "It's driving her mad": gender differences in the effects of commuting on psychological health. *Journal of*

Health Economics 2011; 30: 1064-76.

25. Seidlitz L, Diener E. Sex differences in the recall of affective experiences. *Journal of Personality and Social Psychology* 1998; 74: 262-71.
26. Schwartz B. The paradox of choice: why more is less. Harper Perennial, 2005.
27. Bisson JI, Jenkins PL, Alexander J, Bannister C. Randomised controlled trial of psychological debriefing for victims of acute burn trauma. *British Journal of Psychiatry* 1997; 171: 78-81.
28. Bonanno GA. Loss, trauma, and human resilience: have we underestimated the human capacity to thrive after extremely aversive events? *American Psychologist* 2004; 59: 20.
29. Rule NO, Ambady N. Brief exposures: male sexual orientation is accurately perceived at 50ms. *Journal of Experimental Social Psychology* 2008; 44: 1100-1105.
30. Dijksterhuis A, van Olden Z. On the benefits of thinking unconsciously: unconscious thought can increase post-choice satisfaction. *Journal of Experimental Social Psychology* 2006; 42: 627-31.
31. Creswell JD, Bursley JK, Satpute AB. Neural reactivation links unconscious thought to decision-making performance. *Social Cognitive and Affective Neuroscience* 2013.
32. Payne JW, Samper A, Bettman JR, Luce MF. Boundary conditions on unconscious thought in complex decision making. *Psychological Science* 2008; 19: 1118-23.
33. Newell BR, Wong KY, Cheung JC, Rakow T. Think, blink or sleep on it? The impact of modes of thought on complex decision making. *Quarterly Journal of Experimental Psychology* 2009; 62: 707-32; Di-

jksterhuis A, Van Baaren RB, Bongers KC, Bos MW, Van Leeuwen ML, Van der Leij A. The rational unconscious: conscious versus unconscious thought in complex consumer choice. *Social Psychology of Consumer Behavior* 2009: 89-108.

34. Hsee CK, Zhang J, Yu F, Xi Y. Lay rationalism and inconsistency between predicted experience and decision. *Journal of Behavioral Decision Making* 2003; 16: 257-72.

第六章　設計一個更幸福的生活

1. Thaler RH, Sunstein CR. Nudge: improving decisions about health, wealth, and happiness. Yale University Press, 2008.
2. Leventhal H, Singer R, Jones S. Effects of fear and specificity of recommendation upon attitudes and behavior. *Journal of Personality and Social Psychology* 1965; 2: 20; Zhao M, Lee L, Soman D. Crossing the virtual boundary: the effect of task-irrelevant environmental cues on task implementation. *Psychological Science* 2012; 23: 1200-1207.
3. Dolan P, Hallsworth M, Halpern D, King D, Metcalfe R, Vlaev I. Influencing behaviour: the MINDSPACE way. *Journal of Economic Psychology* 2012; 33: 264-77.

   Dolan P, Hallsworth M, Halpern D, King D, Vlaev I. MINDSPACE: influencing behaviour through public policy. Report for the Cabinet Office, 2010.
4. Beshears J, Choi JJ, Laibson D, Madrian BC. Social security policy in a changing environment. In: The importance of default options for retirement saving outcomes: evidence from the United States. University of Chicago Press, 2009: 167-69; Rithalia A, McDaid C,

Suekarran S, Myers L, Sowden A. Impact of presumed consent for organ donation on donation rates: a systematic review. *British Medical Journal* 2009; 338.

5. Team BI. Applying behavioural insights to reduce fraud, error and debt. UK London Cabinet Office, 2012.
6. Dolan P, Metcalfe R. Better neighbors and basic knowledge: a field experiment on the role of non-pecuniary incentives on energy consumption. Unpublished working paper, 2013.
7. Holland RW, Hendriks M, Aarts H. Smells like clean spirit: nonconscious effects of scent on cognition and behavior. *Psychological Science* 2005; 16: 689-93.
8. Birnbach D, King D, Vlaev I, Rosen L, Harvey P. Impact of environmental olfactory cues on hand hygiene behaviour in a simulated hospital environment: a randomized study. *Journal of Hospital Infection* 2013.
9. Shirtcliff EA, Allison AL, Armstrong JM, Slattery MJ, Kalin NH, Essex MJ. Longitudinal stability and developmental properties of salivary cortisol levels and circadian rhythms from childhood to adolescence. *Developmental Psychobiology* 2012; 54: 493-502.
10. Holzman DC. What's in a color? The unique human health effects of blue light. *Environmental Health Perspectives* 2010; 118: A22-A27.
11. Moore E. A prison environment's effect on health care service demands. *Journal of Environmental Systems* 1981; 11: 17-34; Ulrich R. View through a window may influence recovery from surgery. Science 1984; 224: 420-21.
12. Park SH, Mattson RH, Kim E. Pain tolerance effects of ornamental plants in a simulated hospital patient room. In: Relf D, ed. *XXVI*

International Horticultural Congress: Expanding Roles for Horticulture in Improving Human Well-Being and Life Quality 639, 2002: 241-47; Katcher A, Segal H, Beck A. Comparison of contemplation and hypnosis for the reduction of anxiety and discomfort during dental surgery. *American Journal of Clinical Hypnosis* 1984; 27: 14-21.

13. Wansink B. Mindless eating: why we eat more than we think. Random House, 2010.
14. Wansink B, Sobal J. Mindless eating: the 200 daily food decisions we overlook. *Environment and Behavior* 2007; 39: 106-23.
15. Wansink B. Super bowls: serving bowl size and food consumption. *Journal of the American Medical Association* 2005; 293: 1723-28.
16. Chiou W, Yang C, Wan C. Ironic effects of dietary supplementation illusory invulnerability created by taking dietary supplements licenses health-risk behaviors. *Psychological Science* 2011; 22: 1081-86.
17. Kaptchuk TJ, Friedlander E, Kelley JM, et al. Placebos without deception: a randomized controlled trial in irritable bowel syndrome. *PLoS ONE* 2010; 5: e15591.
18. Plassmann H, Mazar N, Robitaille N, Linder A. The origin of the pain of paying. *Advances in Consumer Research* 2011; 39: 146.
19. Werner CM, Turner J, Shipman K, et al. Commitment, behavior, and attitude change: an analysis of voluntary recycling. *Journal of Environmental Psychology* 1995; 15: 197-208.
20. Turner-McGrievy G, Tate D. Weight loss social support in 140 characters or less: use of an online social network in a remotely delivered weight loss intervention. *Translational Behavioral Medicine: Practice, Policy, Research* 2013: 1-8.
21. Ryan RM. Further examining the American dream: differential cor-

relates of intrinsic and extrinsic goals. *Personality and Social Psychology Bulletin* 1996; 22: 280-87.

22. Koo M, Fishbach A. The small-area hypothesis: effects of progress monitoring on goal adherence. *Journal of Consumer Research* 2012; 39: 493-509.
23. Giné X, Karlan D, Zinman J. Put your money where your butt is: a commitment contract for smoking cessation. *American Economic Journal: Applied Economics* 2010; 2: 213-35.
24. Dunn E, Norton M. Happy money: the science of smarter spending. Simon & Schuster, 2013.
25. Thaler R. Toward a positive theory of consumer choice. *Journal of Economic Behavior & Organization* 1980; 1: 39-60.
26. De La Ronde C, Swann WB. Partner verification: restoring shattered images of our intimates. *Journal of Personality and Social Psychology* 1998; 75: 374.
27. Surowiecki J. The wisdom of crowds. Knopf Doubleday, 2005.
28. Bargh JA, Williams EL. The automaticity of social life. *Current Directions in Psychological Science* 2006; 15: 1-4.
29. Dimberg U, Thunberg M. Unconscious facial reactions to emotional facial expressions. *Psychological Science* 2000; 11: 86.
30. Parkinson B, Simons G. Affecting others: social appraisal and emotion contagion in everyday decision making. *Personality and Social Psychology Bulletin* 2009; 35: 1071-84.
31. Fowler JH, Christakis NA. The dynamic spread of happiness in a large social network. *British Medical Journal* 2008; 337: a2338.
32. Totterdell P. Catching moods and hitting runs: mood linkage and subjective performance in professional sport teams. *Journal of Applied*

Psychology 2000; 85: 848.

33. McIntosh DN. Spontaneous facial mimicry, liking and emotional contagion. *Polish Psychological Bulletin* 2006; 37: 31.
34. Larson RW, Richards MH. Family emotions: do young adolescents and their parents experience the same states? *Journal of Research on Adolescence* 1994; 4: 567-83.
35. Putnam RD. Bowling alone: the collapse and revival of American community. Simon & Schuster, 2001.
36. Luttmer E. Neighbors as negatives: relative earnings and well-being. *Quarterly Journal of Economics* 2005; 120: 963-1002.
37. Card D, Mas A, Moretti E, Saez E. Inequality at work: the effect of peer salaries on job satisfaction. *American Economic Review* 2012; 102: 2981-3003.
38. Senik C. When information dominates comparison: learning from Russian subjective panel data. *Journal of Public Economics* 2004; 88: 2099-2123; Akay A, Bargain O, Zimmermann KF. Relative concerns of rural-to-urban migrants in China. *Journal of Economic Behavior & Organization* 2012; 81: 421-41.
39. Blanton H, Crocker J, Miller DT. The effects of in-group versus out-group social comparison on self-esteem in the context of a negative stereotype. *Journal of Experimental Social Psychology* 2000; 36: 519-30.
40. Wadsworth T. Sex and the pursuit of happiness: how other people's sex lives are related to our sense of well-being. *Social Indicators Research* 2013; 1-21.
41. Duhigg C. The power of habit: why we do what we do, and how to change. Random House, 2012.

42. Hofmann W, Friese M, Wiers RW. Impulsive versus reflective influences on health behavior: a theoretical framework and empirical review. *Health Psychology Review* 2008; 2: 111-37.
43. Henningfield JE, Cohen C, Slade JD. Is nicotine more addictive than cocaine? *British Journal of Addiction* 1991; 86: 565-69.
44. Christakis NA, Fowler JH. The collective dynamics of smoking in a large social network. *New England Journal of Medicine* 2008; 358: 2249-58.
45. Lally P, van Jaarsveld C, Potts H, Wardle J. How are habits formed: modelling habit formation in the real world. *European Journal of Social Psychology* 2010; 40: 998-1009.
46. Verplanken B, Wood W. Interventions to break and create consumer habits. *Journal of Public Policy & Marketing* 2006; 25: 90-103.
47. Bernheim BD, Rangel A. Addiction and cue-triggered decision processes. *American Economic Review* 2004; 94: 1558-90.
48. Wood W, Tam L, Witt MG. Changing circumstances, disrupting habits. *Journal of Personality and Social Psychology* 2005; 88: 918.

第七章　專注地實踐幸福

1. Csikszentmihalyi M. Flow: The psychology of optimal experience. HarperCollins, 2008.
2. Van Boven L, Gilovich T. To do or to have? That is the question. *Journal of Personality and Social Psychology* 2003; 85: 1193-1202.
3. Frank RH. How not to buy happiness. *Daedalus* 2004; 133: 69-79.
4. Carter TJ, Gilovich T. The relative relativity of material and experiential purchases. *Journal of Personality and Social Psychology* 2010; 98: 146-59.

5. Van Boven L, Campbell MC, Gilovich T. Stigmatizing materialism: on stereotypes and impressions of materialistic and experiential pursuits. *Personality and Social Psychology Bulletin* 2010; 36: 551-63.
6. Nicolao L, Irwin JR, Goodman JK. Happiness for sale: do experiential purchases make consumers happier than material purchases? *Journal of Consumer Research* 2009; 36: 188-98.
7. Olsson LE, Gärling T, Ettema D, Friman M, Fujii S. Happiness and satisfaction with work commute. *Social Indicators Research* 2013; 111: 255-63.
8. Nelson LD, Meyvis T, Galak J. Enhancing the television-viewing experience through commercial interruptions. *Journal of Consumer Research* 2009; 36: 160-72.
9. Baird B, Smallwood J, Mrazek MD, Kam JW, Franklin MS, Schooler JW. Inspired by distraction: mind wandering facilitates creative incubation. *Psychological Science* 2012; 23: 1117-22.
10. Dolan P, Metcalfe R. The relationship between innovation and subjective wellbeing. *Research Policy* 2012; 41: 1489-98.
11. Ruef M. Strong ties, weak ties and islands: structural and cultural predictors of organizational innovation. *Industrial and Corporate Change* 2002; 11: 427-49.
12. Taylor S. Making time: why time seems to pass at different speeds and how to control it. Totem Books, 2009.
13. Block RA, Zakay D, Hancock PA. Developmental changes in human duration judgments: a meta-analytic review. *Developmental Review* 1999; 19: 183-211.
14. Ahn H-K, Liu MW, Soman D. Memory markers: how consumers recall the duration of experiences. *Journal of Consumer Psychology*

2009; 19: 508-16.
15. DeNeve K, Cooper H. The happy personality: a meta-analysis of 137 personality traits and subjective well-being. *Psychological Bulletin* 1998; 124: 197-229.
16. Koelsch S. Towards a neural basis of music-evoked emotions. *Trends in Cognitive Sciences* 2010; 14: 131-37.
17. Guzzetta CE. Effects of relaxation and music therapy on patients in a coronary care unit with presumptive acute myocardial infarction. *Heart & Lung: The Journal of Critical Care* 1989; 18: 609; Nayak S, Wheeler BL, Shiflett SC, Agostinelli S. Effect of music therapy on mood and social interaction among individuals with acute traumatic brain injury and stroke. *Rehabilitation Psychology* 2000; 45: 274; Bensimon M, Amir D, Wolf Y. Drumming through trauma: music therapy with post-traumatic soldiers. *The Arts in Psychotherapy* 2008; 35: 34-48; Gold C, Voracek M, Wigram T. Effects of music therapy for children and adolescents with psychopathology: a meta-analysis. *Journal of Child Psychology and Psychiatry* 2004; 45: 1054-63.
18. Sacks O. The power of music. *Brain* 2006; 129: 2528-32.
19. Szabo A. The acute effects of humor and exercise on mood and anxiety. *Journal of Leisure Research* 2003; 35: 152-62.
20. Berk LS, Felten DL, Tan SA, Bittman BB, Westengard J. Modulation of neuroimmune parameters during the eustress of humor-associated mirthful laughter. *Alternative Therapies in Health and Medicine* 2001; 7: 62-76.
21. Yovetich NA, Dale TA, Hudak MA. Benefits of humor in reduction of threat-Induced anxiety. *Psychological Reports* 1990; 66: 51-58.

22. Tse M, Lo A, Cheng T, Chan E, Chan A, Chung H. Humor therapy: relieving chronic pain and enhancing happiness in older adults. *Journal of Aging Research* 2010.
23. Van Wormer K, Boes M. Humor in the emergency room: a social work perspective. *Health Social Work* 1997; 22: 87-92.
24. Potter C, Carpenter J. Fathers' involvement in Sure Start: what do fathers and mothers perceive as benefits? *Practice: Social Work in Action* 2010; 22: 3-15.
25. Ruch W. The sense of humor: explorations of a personality characteristic. Vol. 3. Walter de Gruyter, 1998.
26. Carpenter KM, Stoner SA, Mundt JM, Stoelb B. An online self-help CBT intervention for chronic lower back pain. *Clinical Journal of Pain* 2012; 28: 14-22.
27. Brown LA, Gaudiano BA, Miller IW. Investigating the similarities and differences between practitioners of second-and third-wave cognitive-behavioral therapies. *Behavior Modification* 2011; 35: 187-200.
28. Davidson RJ, Kabat-Zinn J, Schumacher J, et al. Alterations in brain and immune function produced by mindfulness meditation. *Psychosomatic Medicine* 2003; 65: 564-70; Teasdale JD, Segal ZV, Mark J, et al. Prevention of relapse/ recurrence in major depression by mindfulness-based cognitive therapy. *Journal of Consulting and Clinical Psychology* 2000; 68: 615-23.
29. Lim C, Putnam RD. Religion, social networks, and life satisfaction. *American Sociological Review* 2010; 75: 914-33.
30. Stevens N. Gender and adaptation to widowhood in later life. *Ageing & Society* 1995; 15: 37-58.
31. Demir M, Özen A, Dougan A, Bilyk NA, Tyrell FA. I matter to my

friend, therefore I am happy: friendship, mattering, and happiness. *Journal of Happiness Studies* 2011; 12: 983-1005.

32. Lehrer J. Imagine: how creativity works. Canongate Books, 2012.
33. Cain S. Quiet: the power of introverts in a world that can't stop talking. Penguin, 2012; Lucas RE, Diener E. Understanding extraverts' enjoyment of social situations: the importance of pleasantness. *Journal of Personality and Social Psychology* 2001; 81: 343-56.
34. Meiran N, Chorev Z, Sapir A. Component processes in task switching. *Cognitive Psychology* 2000; 41: 211-53.
35. Buser T, Peter N. Multitasking. *Experimental Economics* 2012: 1-15.
36. Wang Z, Tchernev JM. The "myth" of media multitasking: reciprocal dynamics of media multitasking, personal needs, and gratifications. *Journal of Communication* 2012; 62; 493-513.
37. Kavetsos G, Koutroumpis P. Technological affluence and subjective well-being. *Journal of Economic Psychology* 2011; 32: 742-53; Brown JR, Goolsbee A. Does the Internet make markets more competitive? Evidence from the life insurance industry. *Journal of Political Economy* 2002; 110: 481-507; Czernich N, Falck O, Kretschmer T, Woessmann L. Broadband infrastructure and economic growth. *Economic Journal* 2011; 121: 505-32.
38. Spira J, Feintuch J. The cost of not paying attention: how interruptions impact knowledge worker productivity. Basex, 2005.
39. Jackson TW, Culjak G. Can seminar and computer-based training improve the effectiveness of electronic mail communication within the workplace? *Proceedings of the 17th Australasian Conference on Information Systems* 2006. Centre for Information Studies, Charles Sturt University.

40. Zhu E. Hypermedia interface design: the effects of number of links and granularity of nodes. *Journal of Educational Multimedia and Hypermedia* 1999; 8: 331-58.
41. Worthen B. The perils of texting while parenting. *Wall Street Journal*, Sept. 29, 2012.
42. Schwebel DC, Stavrinos D, Byington KW, Davis T, O'Neal EE, de Jong D. Distraction and pedestrian safety: how talking on the phone, texting, and listening to music impact crossing the street. *Accident Analysis & Prevention* 2012; 45: 266-71.
43. Levy J, Pashler H, Boer E. Central interference in driving: is there any stopping the psychological refractory period? *Psychological Science* 2006; 17: 228-35.
44. DeVoe SE, Pfeffer J. Time is tight: how higher economic value of time increases feelings of time pressure. *Journal of Applied Psychology* 2011; 96: 665.
45. DeVoe SE, House J. Time, money, and happiness: how does putting a price on time affect our ability to smell the roses? *Journal of Experimental Social Psychology* 2012; 48: 466.
46. Aguiar M, Hurst E. Measuring trends in leisure: the allocation of time over five decades. *Quarterly Journal of Economics* 2007; 122: 969-1006.
47. Shah AK, Mullainathan S, Shafir E. Some consequences of having too little. *Science* 2012; 338: 682-85.
48. Dolan P, Metcalfe R. With my money on my mind: income, happiness and intrusive financial thoughts. Unpublished working paper, 2011.
49. Smallwood J, Schooler JW. The restless mind. *Psychological Bulletin*

2006; 132: 946.

50. Mason MF, Norton MI, Horn JDV, Wegner DM, Grafton ST, Macrae CN. Wandering minds: the default network and stimulus-independent thought. *Science* 2007; 315: 393-95.
51. Ziauddeen H, Farooqi IS, Fletcher PC. Obesity and the brain: how convincing is the addiction model? *Nature Reviews Neuroscience* 2012; 13: 279-86.
52. Killingsworth MA, Gilbert DT. A wandering mind is an unhappy mind. *Science* 2010; 330: 932.
53. Nolen-Hoeksema S, McBride A, Larson J. Rumination and psychological distress among bereaved partners. *Journal of Personality and Social Psychology* 1997; 72: 855-62.
54. Dolan P. Thinking about it: thoughts about health and valuing QALYs. *Health Economics* 2011; 20: 1407-16.
55. Gilkey JG. You can master life. Macmillan, 1938.
56. Bennett P, Phelps C, Brain K, Hood K, Gray J. A randomized controlled trial of a brief self-help coping intervention designed to reduce distress when awaiting genetic risk information. *Journal of Psychosomatic Research* 2007; 63: 59-64.
57. Wood W, Quinn JM, Kashy DA. Habits in everyday life: thought, emotion, and action. *Journal of Personality and Social Psychology* 2002; 83: 1281-97.
58. Powers W. Hamlet's BlackBerry. HarperCollins, 2011.
59. Spitzer M. Demencia digital (Digital dementia). Ediciones B, 2013.
60. Yuan K, Qin W, Wang G, et al. Microstructure abnormalities in adolescents with Internet addiction disorder. *PloS ONE* 2011; 6: e20708.
61. Hofmann W, Vohs KD, Baumeister RF. What people desire, feel con-

flicted about, and try to resist in everyday life. *Psychological Science* 2012; 23: 582-88.

62. Turkle S. Alone together: why we expect more from technology and less from each other. Basic Books, 2011.
63. Rothberg MB, Arora A, Hermann J, Kleppel R, Marie PS, Visintainer P. Phantom vibration syndrome among medical staff: a cross sectional survey. *British Medical Journal* 2010; 341.
64. The phone stacking game changes everything. *Huffington Post*, Oct. 1, 2012.
65. The communications market report. United Kingdom: a nation addicted to smartphones. OfCom, 2011.
66. The communications market report. United Kingdom: UK is now texting more than talking. OfCom, 2012.

第八章　決定、設計與實踐

1 Ferrari JR, Harriott JS, Zimmerman M. The social support networks of procrastinators: friends or family in times of trouble? *Personality and Individual Differences* 1998; 26: 321-31.

2. Borkovec TD, Ray WJ, Stober J. Worry: a cognitive phenomenon intimately linked to affective, physiological, and interpersonal behavioral processes. *Cognitive Therapy and Research* 1998; 22: 561-76.
3. O'Donoghue T, Rabin M. Choice and procrastination. *Quarterly Journal of Economics* 2001; 116: 121-60.
4. Bui NH. Effect of evaluation threat on procrastination behavior. *Journal of Social Psychology* 2007; 147: 197-209.
5. Jeanmonod R, Jeanmonod D, Ngiam R. Resident productivity: does shift length matter? *American Journal of Emergency Medicine* 2008;

26: 789-91.

6. Kahneman D, Tversky A. Intuitive prediction: biases and corrective procedures. DTIC Document, 1977.
7. Roy M, Christenfeld N. Effect of task length on remembered and predicted duration. *Psychonomic Bulletin & Review* 2008; 15: 202-7.
8. Van Eerde W. A meta-analytically derived nomological network of procrastination. *Personality and Individual Differences* 2003; 35: 1401-18.
9. Buehler R, Griffin D, Ross M. Exploring the "planning fallacy": why people underestimate their task completion times. *Journal of Personality and Social Psychology* 1994; 67: 366-81.
10. Amabile TM, Hadley CN, Kramer SJ. Creativity under the gun. *Harvard Business Review* 2002; 80: 52-61.
11. Frost RO, Marten P, Lahart C, Rosenblate R. The dimensions of perfectionism. *Cognitive Therapy and Research* 1990; 14: 449-68.
12. Dolan P, Rudisill C. Babies in waiting: why increasing the IVF age cut-off is likely to lead to fewer wanted pregnancies. Under review, 2013.
13. Cadena X, Schoar A, Cristea A, Delgado-Medrano HM. Fighting procrastination in the workplace: an experiment. National Bureau of Economic Research, 2011.
14. Roy M, Christenfeld N, McKenzie C. Underestimating the duration of future events: memory incorrectly used or memory bias? *Psychological Bulletin* 2005; 131: 738-56.
15. Wohl MJ, Pychyl TA, Bennett SH. I forgive myself, now I can study: how self-forgiveness for procrastinating can reduce future procrastination. *Personality and Individual Differences* 2010; 48: 803-8.

16. Steel P. The nature of procrastination: a meta-analytic and theoretical review of quintessential self-regulatory failure. *Psychological Bulletin* 2007; 133: 65.
17. Shu SB, Gneezy A. Procrastination of enjoyable experiences. *Journal of Marketing Research* 2010; 47: 933-44.
18. Ariely D, Wertenbroch K. Procrastination, deadlines, and performance: self-control by precommitment. *Psychological Science* 2002; 13: 219-24.
19. Kruger J, Evans M. If you don't want to be late, enumerate: unpacking reduces the planning fallacy. *Journal of Experimental Social Psychology* 2004; 40: 586-98.
20. Duflo E, Saez E. The role of information and social interactions in retirement plan decisions: evidence from a randomized experiment. National Bureau of Economic Research, 2002.
21. Lee E. The relationship of motivation and flow experience to academic procrastination in university students. *Journal of Genetic Psychology* 2005; 166: 5-14; Read D, Loewenstein G, Kalyanaraman S. Mixing virtue and vice: combining the immediacy effect and the diversification heuristic. *Journal of Behavioral Decision Making* 1999; 12: 257-73.
22. Johns G, Jia Lin Xie, Yongqing Fang. Mediating and moderating effects in job design. *Journal of Management* 1992; 18: 657.
23. Lavoie JAA, Pychyl TA. Cyberslacking and the procrastination superhighway: a web-based survey of online procrastination, attitudes, and emotion. *Social Science Computer Review* 2001; 19: 431-44.
24. Dolan P, Olsen JA. Equity in health: the importance of different health streams. *Journal of Health Economics* 2001; 20: 823-34;

Dolan P, Tsuchiya A. The social welfare function and individual responsibility: some theoretical issues and empirical evidence. *Journal of Health Economics* 2009; 28: 210-20.

25. Dolan P, Shaw R, Tsuchiya A, Williams A. QALY maximisation and people's preferences: a methodological review of the literature. *Health Economics* 2005; 14: 197-208; Edlin R, Tsuchiya A, Dolan P. Public preferences for responsibility versus public preferences for reducing inequalities. *Health Economics* 2012; 21: 1416-26.
26. Amiel Y, Cowell F, Gaertner W. Distributional orderings: an approach with seven flavors. *Theory and Decision* 2012; 73: 381-99.
27. Dolan P, Edlin R, Tshuchiya, A. The relative societal value of health gains to different beneficiaries—final report. National Co-ordinating Centre for Research Methodology, 2008.
28. Dolan P, Robinson A. The measurement of preferences over the distribution of benefits: the importance of the reference point. *European Economic Review* 2001; 45: 1697-1709.
29. Clark A, Flèche S, Senik C. The great happiness moderation. IZA Discussion Paper No. 6761, 2012.
30. Alesina A, Di Tella R, MacCulloch R. Inequality and happiness: are Europeans and Americans different? *Journal of Public Economics* 2004; 88: 2009-42.
31. Oshio T, Kobayashi M. Income inequality, perceived happiness, and self-rated health: evidence from nationwide surveys in Japan. *Social Science & Medicine* 2010; 70: 1358-66; Jiang S, Lu M, Sato H. Identity, inequality, and happiness: evidence from urban China. *World Development* 2012; 40: 1190-1200; Graham C, Felton A. Inequality and happiness: insights from Latin America. J*ournal of Economic*

Inequality 2006; 4: 107-22.

32. Knight J, Song L. Subjective well-being and its determinants in rural China. *China Economic Review* 2009; 20; 635-49.
33. Meier S, Stutzer A. Is volunteering rewarding in itself? *Economica* 2008; 75: 39-59.
34. Dunn EW, Aknin LB, Norton MI. Spending money on others promotes happiness. *Science* 2008; 319: 1687-88.
35. Mogilner C, Chance Z, Norton MI. Giving time gives you time. *Psychological Science* 2012; 23: 1233-38.
36. Cacioppo JT, Fowler JH, Christakis NA. Alone in the crowd: the structure and spread of loneliness in a large social network. *Journal of Personality and Social Psychology* 2009; 97: 977-91.
37. Luo Y, Hawkley LC, Waite LJ, Cacioppo JT. Loneliness, health, and mortality in old age: a national longitudinal study. *Social Science & Medicine* 2012; 74: 907-14.
38. Andreoni J. Impure altruism and donations to public goods: a theory of warm-glow giving. *Economic Journal* 1990; 100: 464.
39. Dawkins R. The selfish gene. Oxford University Press, 2006.
40. Wilkinson GS. Reciprocal food sharing in the vampire bat. *Nature* 1984; 308: 181-84.
41. Lloyd K. Happiness and the wellbeing of young carers: extent, nature, and correlates of caring among 10 and 11 year old schoolchildren. *Journal of Happiness Studies* 2013; 14: 67-80.
42. Bourassa D. Examining self-protection measures guarding adult protective services social workers against compassion fatigue. *Journal of Interpersonal Violence* 2012; 27: 1699-1715.
43. Fellner CH, Schwartz SH. Altruism in disrepute: medical versus pub-

lic attitudes toward the living organ donor. *New England Journal of Medicine* 1971; 284: 582-85.

44. Sandstrom GM, Dunn EW. The virtue blind spot: do affective forecasting errors undermine virtuous behavior? *Social and Personality Psychology Compass* 2011; 5: 720-33.
45. Otake K, Shimai S, Tanaka-Matsumi J, Otsui K, Fredrickson BL. Happy people become happier through kindness: a counting kindness intervention. *Journal of Happiness Studies* 2006; 7: 361-75.
46. Aknin LB, Dunn EW, Whillans AV, Grant AM, Norton MI. Making a difference matters: impact unlocks the emotional benefits of prosocial spending. J*ournal of Economic Behavior & Organization* 2013; 88: 90-95.
47. Rand DG, Nowak MA. Human cooperation. *Trends in Cognitive Sciences* 2013.
48. Nelson LD, Norton MI. From student to superhero: situational primes shape future helping. *Journal of Experimental Social Psychology* 2005; 41: 423-30.
49. Jonas E, Schimel J, Greenberg J, Pyszczynski T. The Scrooge effect: evidence that mortality salience increases prosocial attitudes and behavior. *Personality and Social Psychology Bulletin* 2002; 28: 1342-53.
50. Dolan P, Metcalfe R, Navarro-Martinez D. The determinants of default acceptance in charity donations. Working paper, 2013.
51. Apicella CL, Marlowe FW, Fowler JH, Christakis NA. Social networks and cooperation in hunter-gatherers. *Nature* 2012; 481: 497-501.
52. Cotterill S, Moseley A, Richardson L. Can nudging create the Big

Society? Experiments in civic behaviour and implications for the voluntary and public sectors. *Voluntary Sector Review* 2012; 3: 265-74.

53. Dolan P, Olsen JA. Distributing health care: economic and ethical issues. Oxford University Press, 2002.
54. Veblen T. The theory of the leisure class. MacMillan, 1899.
55. Glazer A, Konrad KA. A signaling explanation for charity. *American Economic Review* 1996; 86: 1019-28.
56. Griskevicius V, Tybur JM, Van den Bergh B. Going green to be seen: status, reputation, and conspicuous conservation. *Journal of Personality and Social Psychology* 2010; 98: 392-404; Iredale W, van Vugt M, Dunbar R. Showing off in humans: male generosity as a mating signal. *Evolutionary Psychology* 2008; 6: 386-92.
57. Ariely D, Bracha A, Meier S. Doing good or doing well? Image motivation and monetary incentives in behaving prosocially. *American Economic Review* 2009; 99: 544-55.
58. Duffy J, Kornienko T. Does competition affect giving? *Journal of Economic Behavior & Organization* 2010; 74: 82-103.
59. Goldinger SD, Kleider HM, Azuma T, Beike DR. "Blaming the victim" under memory load. *Psychological Science* 2003; 14: 81-85.

終章　你也可以變得更幸福

1. Potter M, Vu J, Croughan-Minihane M. Weight management: what patientswant from their primary care physicians. *Journal of Family Practice* 2001; 50: 513-19.

國家圖書館出版品預行編目（CIP）資料

設計幸福：經濟學×心理學×行為科學，實現理想人生的務實思維／保羅．多倫（Paul Dolan）作；曾婉琳譯. -- 初版. -- 臺北市：今周刊出版社股份有限公司, 2022.03

面； 公分. --（Wide系列；5）

譯自：Happiness by design : change what you do, not how you think.

ISBN 978-626-7014-34-9（平裝）

1. 幸福 2. 自我實現 3. 生活指導

177.2 110020843

Wide 系列 005

設計幸福

經濟學×心理學×行為科學，實現理想人生的務實思維

Happiness by Design: Change What You Do, Not How You Think

作　　者　保羅・多倫（Paul Dolan）
譯　　者　曾婉琳
資深主編　許訓彰
校　　對　李韻、許訓彰
副總編輯　鍾宜君
行銷經理　胡弘一
行銷主任　朱安棋
行銷企畫　林律涵
封面設計　許晉維
內文排版　藍天圖物宣字社

出 版 者　今周刊出版社股份有限公司
發 行 人　梁永煌
社　　長　謝春滿
副總經理　吳幸芳
副 總 監　陳姵蒨

地　　址　台北市中山區南京東路一段 96 號 8 樓
電　　話　886-2-2581-6196
傳　　真　886-2-2531-6438
讀者專線　886-2-2581-6196 轉 1
劃撥帳號　19865054
戶　　名　今周刊出版社股份有限公司
網　　址　http://www.businesstoday.com.tw

總 經 銷　大和書報股份有限公司
製版印刷　緯峰印刷股份有限公司
初版一刷　2022 年 3 月
定　　價　380 元